名言がいっぱい

あなたを元気にする56の言葉

出久根達郎

名言がいっぱい

あなたを元気にする56の言葉

［目次］

I

II

Ⅲ

イラストレーション＝安西水丸
装丁・本文設計＝深山典子

I

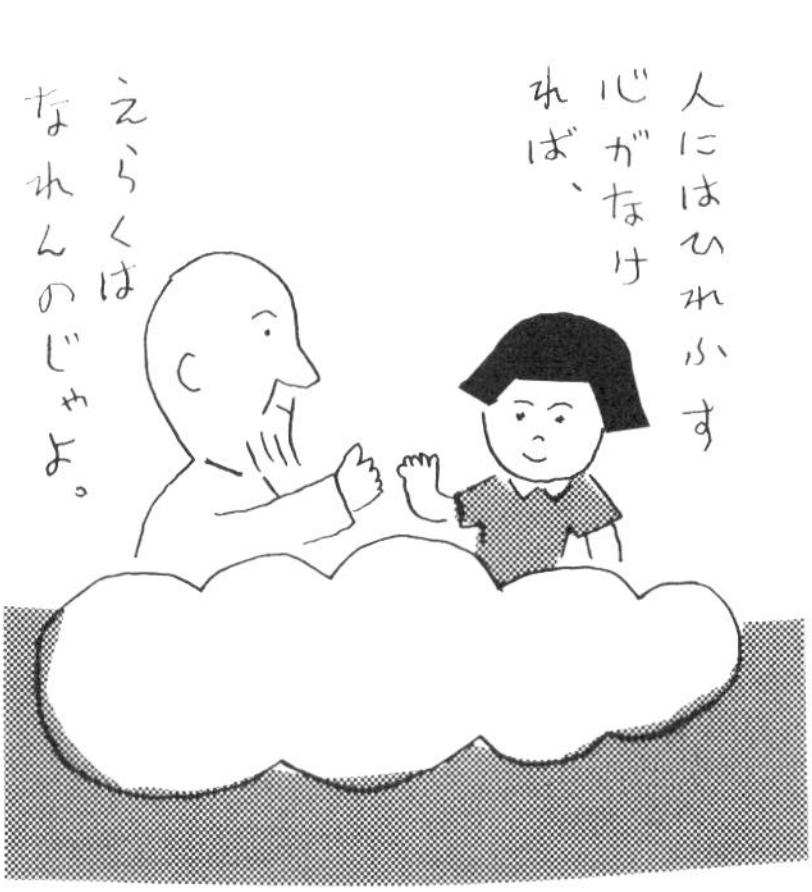
人にはひれふす心がなければ、
えらくはなれんのじゃよ。

美しき花を
咲かせて知らぬ顔
我も汝《なんじ》の如《ごと》く
ありたし
——武者小路実篤

座業と加齢と運動不足のせいで、膝関節症になり、いささか歩行が困難になった。特効薬はない。ストレッチ体操を勧められた。

毎朝、近所を散策している。杖をつき、ゆっくりゆっくり、足を引きずるようにして歩いている。車が怖いので、車が入れない裏道を選ぶ。生垣《いけがき》が続いて、古い家が多い。いつぞや、垣根のアジサイを枝切りしていた老婦人が、玄関先に立っているのが見えた。足下を見下ろしたきり、身動きもしないのである。どうかしたのだろうか？　いつまでたっても、同じ姿勢のままだ。私は声をかけた。先日の礼を述べたのである。先日、といっても昨年のことだ。梅雨の頃、満開のアジサイを通りすがりにほめたら、一輪どうぞ、と切ってくれたのである。枝を土に挿《さ》しておけば育ちますよ、と言われ、その通りにしたが、うまくいかなかった。

老婦人は、思いだしてくれたらしい。あの時の、と言いかけて、あなた、今、手が空いていますか、と急にこちらの都合を訊《き》いた。手も足も暇である。そう答えると、ちょいと手伝って下さいません？　と頼む。

玄関の鍵を落としてしまい、家に入れない。ショッピングカーに当たって、はずんで、どこかに飛んだらしい。目が悪いので見つけられず、弱っているとのことだった。敷石の両側は芝生で、どうやら、その中に転がったらしい。私は夫人の傍らのショッピングカーに目をやった。何の気なしにのぞいたのだが、カバーのくぼみに、光っているのを見つけた。あら、まあ？　と夫人が笑った。芝生の方ばかり探していた。灯台下暗しね、と言った。私は改めてアジサイのお礼を述べた。玄関のドアを開け、お茶でも、と勧める。とんでもないことです、と手を振って辞した。

足を引きずりながら、首をかしげた。アジサイの一件があるとはいえ、見ず知らずの者を、どうして中に誘ったのか。この節、老人ひとり、不用心にすぎないか。ははあ、とほどなく納得した。つまり、私の歩き方である。悪いことをして素早く逃走できないことはひと目で知れる。鍵は見えなくとも、声をかけられて玄関までたどりつく私の足取りは見えたはず、いや、毎朝の散歩を見ていたのに違いない。

ところで夫人宅の玄関の壁には、作家・武者小路実篤の色紙が掲げられてあった。カボチャとタマネギの絵に、「君は君、我は我なり、それでよき哉《かな》」と賛がある。よく見る額装で、果たして本物だったのかどうか。歩きながら、文言《もんごん》をつぶやいていて、ハテナ？　と思った。これの下の句は、「されど仲よき」でなかったかしら？　実篤色紙の、有名な一節である。

気にしだすと、気になる。帰宅して、武者小路の本を調べてみた。ずいぶん久しぶりに読む。拾い読みのはずが、初めから文章を追っている。読みやすいのである。そして、標記の語「美しき花を咲かせて知らぬ顔　我も汝の如くありたし」をはじめどれも色紙の文言のようなフレーズである。抜き書きしてみた。「いいと思った事は、どんな小さい事でもするがいい」「いつまでも生きられると思ふと、人間は利己的になり、野心家になり易い。いづれ死ぬのだと思ふと、そんなことはつまらぬことがわかり、もつとまじめな生活がしたくなる」「よき人の心といふものが感じられなかつたら、生きると言ふことはたゞ《だ》苦しみだけになるであらう」「ずるい人に逢ひたくなかつたら、ずるい人をよびよせるものを自分から遠のけるより仕方ありません」。

老婦人宅の色紙の文句が見つかった。『馬鹿一』という小説に出ていた。下の句は、やはり「されど仲よき」だった。

武者小路実篤

むしゃのこうじ・さねあつ●1885（明治18）年5月12日―1976（昭和51）年4月9日。東京府東京市麴町町区（現東京都千代田区）生まれ。武者小路実世子爵の第8子。学習院初中高等科を経て東京帝国大学哲学科社会学専修に入学したが退学。1910年には志賀直哉、有島武郎らと文学雑誌『白樺』を創刊。以降60年にわたり活動し、小説『おめでたき人』『友情』『愛と死』、戯曲『その妹』『ある青年の夢』のほか多くの人生論を著す。理想社会の実現を目指して、「新しき村」を創設した。40歳ごろからは絵筆をとり、独特の画風で多くの作品を残した。晩年は東京都調布市仙川に居住。尿毒症により90歳で死去。

人には
ひれふす心がなければ、
えらくは
なれんのじゃよ。

——石井桃子

『ノンちゃん雲に乗る』という児童文学をご存じですか？

二十代の、わりあい本を読むかたに訊《き》いたら、タイトルは知っているが、手に取ったことはない、と答えた。作者は石井桃子だ、と告げたら、その人の『クマのプーさん』は愛読しました、と笑った。こちらは訳書である。『ノンちゃん雲に乗る』は、今は読まれないのだろうか。

生活がすっかり変わったから、無理もないでしょう、と筆者と同世代の人が言った。なるほど小説は、八歳の女の子ノンちゃん（ノブ子）が、朝、母の「おみおつけの大根を切っている」リズミカルな音で目ざめるシーンから始まる。「まな板の上にもりあがる、水けをふくんだまっ白い、四かくい、細い棒の山」を心に描きながら、ノンちゃんは何となくしあわせな気分になる。大根のおみおつけは、大好物の一つなのだ。

現代は、まな板や、庖丁の無い家庭が多いと聞く。料理をせず、出来あいのお総菜で間に合わせる。現代で朝の音は、電子レンジの「チン」らしい。優等生のノンちゃんは、お母さんの手伝いを進んでする。たとえば糸巻き。ノンちゃんは両手に糸をかけて、糸を巻く母を助ける。「糸かけの名人」だと母が喜ぶ。これだけで母子の情景が思い浮かぶ読者は、かなり限られるだろう。糸巻き、糸かけという言葉が、すでに死語である。

ノンちゃんには、二つ上の兄がいる。兄は竹馬が得意で、「カツブシかき」や「片足だち」の秘術を、ノンちゃんに見せてくれる。「カッブシかき」がどんな物か、見た事のない人には、それを竹馬でどう表現するのか、チンプンカンプンに違いない。

かくの如く、この小説は、現代の若い読者には、注釈が必要である。けれども、作者が訴えたい精神は、決して古びていない。風俗や生活は変化しても、人間の心は変わらないということだ。

筆者は半世紀も前の小学三年生の時に、この作品を知った。雨の体育時間に、担任が朗読してくれた。

日曜日、ノンちゃんの母は兄を連れて東京に出かける。ノンちゃんには内緒である。それを知ったノンちゃんは、大泣きする。自分をだました、と泣きながら、いつもの遊び場所の池に来る。そして池に張りだしたモミジの枝にまたがって、鳥の真似をする。落下。気がつくと、雲の上にいる。白いヒゲのおじいさんに問われるまま、ノンちゃんはわが家のこと、両親、兄、兄の愛犬のことなどを、次々に語る。ノンちゃんの語り口の面白さが、この小説の面白さである。

筆者たち生徒は、たちまち愛読者となり、次からは皆が交代で朗読した。「はなたらしのたっちゃん」がノンちゃんの級友として登場し、筆者は大いにからかわれた。

雲の上の白ヒゲおじいさんが、優等生のノンちゃんをこうさとす。気をつけないと、失敗するぞ。勉強のできることを、鼻にかけるのは大ばかだ。そして、標記の言葉「人にはひれふす心がなければ、えらくはなれんのじゃよ」を言う。「ヒレフスココロ」ってなに？とノンちゃんは聞き返す。おじいさんが笑って、ケンソンだ、と教える。まだまだ自分は偉くない、と思う心だ、と説く。

今度、この小説を再読してショックだったのは、「大人」になったノンちゃんの章があることだった。小学生の時には、小学生の場面しか読まなかった。ノンちゃんは女医さんになり、かつてのわんぱくたちは戦死しているのだ。

石井桃子

いしい・ももこ●1907（明治40）年3月10日―2008（平成20）年4月2日。児童文学作家・翻訳家。埼玉県浦和市生まれ。日本女子大英文科卒。戦前に「日本少国民文庫」、戦後には「岩波少年文庫」の編集に携わる。ミルン著『くまのプーさん』、マーク・トウェイン著『トム＝ソーヤーの冒険』など英米児童文学を多数翻訳して紹介。1951年、創作童話『ノンちゃん雲に乗る』で芸能選奨（現芸術選奨）、1995年、小説『幻の朱い実』で読売文学賞、2007年度朝日賞を受賞。1958年より自宅の一角に「かつら文庫」を開設。日本芸術院会員。著作はほかに『幼ものがたり』など。享年101。

一日活《い》きれば
則《すなわ》ち一日の儲《もうけ》、
一年活きれば
一年の益なり。

――二宮尊徳

百年に一度の大不況という。これを打開し、救済してくれる人は誰だろう？　オバマ大統領？　日本人で、いないか。現存者で見当たらないなら、歴史上の人物ではどうか。いる。この人がいる。尊徳《そんとく》、二宮金次郎である。「柴刈り縄《なわ》ないワラジを作」った人？いやいや、質素、倹約、勤倹力行《きんけんりっこう》、何より実行主義の篤農家《とくのうか》である。六百以上もの町や村起こしに成功した。町村を復興できる者は、国も立て直せる。江戸末期に活躍し、死後、神に祭られたこの人の言葉を含味してみよう。不況期に生きる上で、参考になろう。テキストは、『二宮翁夜話』、弟子の福住正兄《ふくずみまさえ》が書き残した師の言行録である。

二宮翁の語る、人は生れた以上は死ぬ。長生きといえども百年を越えるは稀《まれ》である。「然《しか》れば人と生《うま》れ出でたるうへは、必ず死する物《もの》と覚悟をする時は、一日活《い》きれば則《すなわ》ち一日の儲《もうけ》、一年活きれば一年の益なり。故《ゆえ》に本来我が身もなき物、我が家もなき物と覚悟すれば跡は百事百般皆儲なり」。

命には限りがある、と覚《さと》れば、欲を掻《か》くことは無いはずだが、人間は愚かなもので、自分だけは三百年も生きるつもりである。

翁いわく、「多く稼いで、銭を少く遣ひ、多く薪《たきぎ》を取って焚《た》く事は少くする、是《これ》を富国《ふこく》の大本《たいほん》、富国の達道《たつどう》といふ」。

人はこれをケチと笑うが、そうじゃない、貯蓄するのだ。「夫《そ》れ貯蓄は今年の物を来年に譲る、一つの譲道《じょうどう》なり、親の身代を子に譲るも、則ち貯蓄の法に基《もと》ひするものなり、貯蓄は言ひもてゆけば人道の一法のみ、故に是を富国の大本、富国の達道と云ふなり」。

川久保民次郎という者がいて、国に帰るため翁に暇乞いにきた。翁は民次郎にこんな話をした。空腹の時、他家を訪ねて、すみません、食事を恵んで下さい。お礼に庭を掃除しますと言っても、はいよ、と恵んでくれる者はいない。空腹をこらえて、まず庭を掃けば、恵んでくれる人もいるだろう。

自分が若い時、一丁しかない鍬《くわ》が傷ついたので、隣家に借りに行った。すると、今から畑を耕し菜《な》をまくところだ、まき終わったら貸してあげよう、と言う。自分は考えた。家に帰っても、するべき事はない。それならと隣人に申し出た。私がこの畑を耕してあげます、菜の種もついでにまいてあげましょう。その通り行い、終わって鍬を借りた。隣人喜び、鍬に限らぬ、何でもこまったら遠慮なく言ってくれ、と。この心得を忘れなさんな。

翁はまた自分の少年時代の思い出を語った。

村の土木工事に、病中の父に代わって自分が出たが、何しろ力が無いので半人前以下の働きしかできぬ。そこで自分は夜ワラジを編み、現場でワラジの切れた者に配った。礼を言う者もあり、言わない人もいる。しかし礼を当てにして作ったのではない。毎日配っていると、ただでは悪いと金を出す人もいる。報酬を考えないで始めたことが、金になる。

「能《よ》く此《こ》の理《り》を感銘し、連日おこたらずば、何ぞ志の貫かざる理あらんや、何事か成らざるの理あらんや、われ幼少の時の勤め此の外《ほか》にあらず、肝に銘じて忘るべからず」

これが翁のはなむけの言葉であった。

翁いわく、一言を聞いても人の性格はわかる。江戸は水にも金がいる、と言う者はなまけ者、水を売って銭になると言う者は勉強人である。夜はまだ九時なのに十時だと言う者は寝たがる奴だし、まだ九時前だ、と主張する者は勉強心のある者、「すべての事、下に目を付け、下に比較する者は、必ず下《くだ》り向《むき》の懶惰《らんだ》者なり」。

二宮尊徳

にのみや・そんとく● 1787年9月4日（天明7年7月23日）―1856年11月17日（安政3年10月20日）。農政家、思想家。相模国足柄上郡栢山村（現在の神奈川県小田原市栢山）の農家・利右衛門の長男として生まれる。諱は尊徳、通称は金次郎。14歳で父、16歳で母を亡くし伯父に引き取られる。勤勉勤労に励み、没落した生家を再興。小田原藩家老服部家の財政再建をはじめ、藩主大久保忠真に依頼され分家宇津家を復興させるなど、大名旗本等の財政再建と領民救済を行う。「報徳思想」を説き、北関東各地の仕法（復興事業）を手がけた。晩年は幕臣として日光領仕法に携わる。下野国今市（現栃木県日光市）で病没。享年69。

武士道は
その表徴たる
桜花《おうか》と同じく、
日本の土地に
固有の花である。

——新渡戸稲造

しかし、イチローという選手は、何と運に恵まれた男であろう。そうとしか、言いようがない。世界野球（ＷＢＣ）の決勝戦である。延長十回・二死二、三塁である。イチローの打順である。おあつらえの場面に打順が回ってくること自体が、運としか思えない。

そして、二塁打である。打つ。打った。観客の期待に、見事に応える。日本は韓国に勝った。あの時、バッターボックスに入ったイチローは、一体、何を考えていたのだろう？

誰もが知りたいではないか。イチローは、こう答えている（要約である）。

「本当は無の境地でいたかったが、めちゃくちゃ、いろんなことを考えていた。ここで打ったら（何かを）持っている、とか、今ごっつい視聴率だろうな、とか、自分で実況（放送）しながら打席に立った」

イチローの頭の中で、もう一人のイチローが「いろんなことを」「実況」していたというのである。あの、クールな表情のイチローが。

今回の世界野球戦では、イチローはずっと不調であった。「個人的には想像以上の苦しみ、つらさ、痛覚では感じない痛みを感じた」と言っている。何がイチローを苦しめたか、というなら、チームリーダーとして一向に回復しない自分の打撃技術でなく、「侍ジャパン」の「侍」という言葉の重圧だろうと思う。「侍といいながら勝てなかったら恰好がつかない」と、優勝翌日の記者会見で語っている。

「侍ジャパン」は誰のネーミングなのだろう？　そもそも何をイメージして名づけたのだろうか。戦国武将であるか、それとも武士道を身につけた侍なのか。日本男児という意味か、あるいは日本人というプライドを含めての命名か。

私は打席でのイチローの横顔を見るたび、かつて五千円札の肖像であった、教育家・思想家の新渡戸稲造著『武士道』の、こんな言葉を思いだす。いわく、

「剛毅《ごうき》、不撓不屈《ふとうふくつ》、大胆、自若《じじゃく》、勇気等のごとき心性は、少年の心に最も容易に訴えられ、かつ実行と模範とによって訓練されるものであって、少年の間に幼時から励みとせられたる、いわば最も人気ある徳であった」（矢内原忠雄訳）

イチローの野球センスも精神も、天性のものでなく、少年時代からの訓練によるものだろう、と思うのである。

『武士道』は、新渡戸が外国人に、日本には宗教教育がないそうだが、では子どもたちにどのようにして道徳を教えるのか、と訊かれて、わが身をふり返り、日本には武士道が道徳観念としてある、と思い至る。それを英文でまとめたものだが、先の引用で見る通り、翻訳特有の文章は少々わかりにくい。もっと読みやすい訳文なら、普及するだろうに、と残念である。記述がまわりくどいのである。

新渡戸は武士道の特質や欠点などを述べたのち、将来についてこう記している。

「武士道は一《ひとつ》の独立せる倫理の掟《おきて》としては消ゆるかも知れない、しかしその力は地上より滅びないであろう。（略）その象徴《シンボル》とする花（桜である）のごとく、四方の風に散りたる後もなおその香気をもって人生を豊富にし、人類を祝福するであろう」

現在はスポーツにのみ名残りがある、といったら言い過ぎだろうか。

『武士道』の書き出し。

「武士道はその表徴たる桜花《おうか》と同じく、日本の土地に固有の花である」

新渡戸稲造

にとべ・いなぞう● １８６２年９月１日（文久２年８月３日）―１９３３（昭和８）年10月15日。農学者、農政家、法学者、教育家。岩手県盛岡市生まれ。１８８３年東京大学に入るが、「太平洋の橋とならん」と私費で渡米。ジョンズ・ホプキンス大学入学。札幌農学校助教となりドイツに留学、３年間ボン、ベルリン、ハレ各大学で農政学を研究。メアリ・エルキントンと結婚し、１８９０年帰国。１９１８年、東京女子大学初代学長、東京女子経済専門学校長として女子教育に尽くす。日米関係和解のため、１９３２年に渡米、翌年太平洋会議に出席後カナダのヴィクトリアで病死。享年71。主著『武士道』は数カ国語に訳され、広く世界に日本を紹介した。

死んでしまったら、
楽になったことが
わからない。

西村 滋

ひもじい思いを体験した人は、至って少ないのではないだろうか。飽食《ほうしょく》の時代といわれる現代、忘れられた感覚の一つかも知れない。

ひもじくて、死んだ方がましと自殺しかけた少年が、職人風のおじさんに助けられる。おじさんから、これは外国の小説に出てくる言葉だが、死にたくなったら、百回唱えてごらん、と教えられる。いいかい、声に出して必ず百ぺん繰り返すのだよ、と念を押す。

その言葉は、「埋葬された王様より、生きてる乞食《こじき》がすばらしい」である。少年は言われた通り、試みる。数え間違えないように、一回唱えるごと、松葉を地面に並べていく。

そうして少年が得た実感が、標記の言葉「死んでしまったら、楽になったことがわからない」である。苦痛を逃れようとして自殺を考えたが、成功したら楽になった喜びが味わえないではないか。

少年は身寄りがなく、孤児院に収容されていた。そこでの生活に耐えられず脱走する。一銭の金も持たないから、ひもじくても食べ物を買えない。ある家の台所口が開いていて、鍋が沸騰《ふっとう》している。炊きたてのご飯の匂いがする。少年は匂いに引き寄せられ、台所に忍び入る。素手で鍋の耳をつかんだ。そのまま両手に抱えて出てくる。呼びとめられた。塵《ちり》取りを持った若奥さんが、咎《とが》める声でなく、ごく普通の声で、「うちには病人がいて、それを炊《た》いたの。だから返してね」と言った。少年は黙って鍋を差し出した。奥さんは鍋を塵取りで受け取った。熱いからである。奥さんは「じゃ、さよなら」と言い、引っ返す。「さよなら」と少年も言った。

ある時、どうにも我慢できなくなり、菓子屋から菓子を盗んだ。警察に連れて行かれた。わが院生に犯罪者はいない、と孤児院は少年の引き取りを拒否した。少年は行きどころが無い。

少年審判所に送られる途中、刑事が菓子パンを二つ買い、バスが来る前に食べな、と袋ごと寄こす。少年は急いで一つ食べ、残りを刑事に返した。二人分だと思ったのである。お前が食べていいんだよ、と刑事が押し返す。少年は、終生この刑事の好意を忘れなかった。

戦争のまっ最中である。少年院に収容されてまもなく、創立記念日のお祝いに、各自に菓子袋が配られた。少年は金平糖《こんぺいとう》を一粒だけ取りだし眺めたあと、口に含む。時間をかけて味わう。他の者は、むさぼるように食べている。一室に何十人もの男児が寝る。少年は枕元に菓子袋を置き、満足して眠りについた。

夜中に、ふっと目ざめる。枕元を見た。無い。大事な菓子袋が消えている。少年は叫ぶ。

西村滋《しげる》の『お菓子放浪記』の一場面である。

この本を読んだ若い人から、あなたの少年時代がうらやましい、と西村に手紙があった。

菓子の無い時代だから菓子への夢が持てた。僕らにはそんな夢は無い、欠乏《けつぼう》というゼイタクが味わえない、うんぬん。食べ物へのひもじさは皆無だが、心の飢餓感は相当なものだ、と西村はショックを受けた。

作者は一九二五（大正十四）年、名古屋に生まれた。六歳で母を亡くす。母は結核で子に伝染させまいと、近づく滋を「鬼の形相」で追い払った。そのため母を憎んだ。母の真情を理解したのは、大人になってからである。九歳で父を失い、孤児になった。それからのことは、作品の通りである。孤児院も少年院も、戦争で肉親をなくした子どもたちばかり、西村は長じて彼らの人生を温かい文章で記録する。石原裕次郎の主演で話題を呼んだ映画「やくざ先生」の原作も、その一つである。

西村 滋

にしむら・しげる●1925（大正14）年4月7日、愛知県名古屋市生まれ。児童文学作家。6歳で母、9歳で父を亡くし孤児となる。戦争孤児収容所補導員、キャバレーのピアノ弾きなど多様な仕事をしながら、戦争孤児たちとの交流を綴る。1960年発表の処女作『笑わない青春』は、東宝で「不良少年」として映画化され、『やくざ先生』は日活で映画化された。『雨にも負けて風にも負けて』で第2回日本ノンフィクション賞、『母恋い放浪記』で第7回路傍の石文学賞を受賞。『お菓子放浪記』は全国青少年課題図書となりドラマ化された。

皆さんは私よりも、
それだけ一年を
大切に使わなければ
いけません。

——渋沢栄一

この人の九十一年の生涯は、そのままわが国近代産業商業の歴史と、社会事業史である。最初の株式会社を一八六九（明治二）年に作り、製紙、紡績、鉄道、保険、運輸、サービス業、娯楽設備、など五百以上の営利事業の設立に関与し、六百あまりの公共事業にかかわった。私財を残さなかったのが、この人の最大の特徴である。事業は、「国利民福」のためにある、が持論だった。道徳と経済は合わせて一つ、といい、利益だけを追求する経営を嫌悪した。幼時、父より学んだ論語が、終生のバックボーンとなった。「恕《じょ》」の一字を、処世訓とした。すなわち、已れの欲しないことは、人に施すことなかれ、である。「論語で算盤《そろばん》をはじく」と自分の経営理念を述べている。

一八七三（明治六）年、第一国立銀行を創業した。お得意を作るために、次々と商工業を興した。数々の起業は、銀行経営を安定維持するための手法だったのである。

渋沢は面会を一切拒まず、若い人に事業を始める心得は次の四つと語った。一、事業の道理は正しいかどうか。二、時運に適しているかどうか。三、人の和を得ているかどうか。四、自分の分にふさわしいかどうか。

この四つを吟味し、すべてが適正なら事業を始めるがよろしい、と。渋沢はこの心得に照らして判断してきた。実体験による成功の鍵だろう。

渋沢のむすこが、ある時、お父さんが大石内蔵助《くらのすけ》だったら、吉良上野介《きらこうずのすけ》にワイロを贈りますか？　と質問した。赤穂藩がワイロを贈らなかったために、主君が切腹し、「忠臣蔵」の吉良邸討ち入りが起こった、といわれている。渋沢は長いこと考えていたが、たぶん贈ったろう、と答えた。金で一藩一国の全員が助かるなら、それに越したことはない、と言った。

十五歳の時、叔父と江戸見物に出かけた（渋沢は埼玉県深谷の豪農の生まれである）。一ツ橋近くで道を間違え、江戸城御門のそばをうろついていたため怪しまれ、番人に捕まって二人は番所に閉じ込められた。哀願しても、聞き入れない。その時、渋沢は叔父にささやいた。地獄の沙汰も金次第と言いますから、少しばかりつかませてはいかがですか？

つまり、ワイロである。潔癖な叔父は、そんな真似をしたら、ますますいじめられると渋ったが、一向に許してくれそうもないので、甥の言う通りにした。すると、番人がにわかにエビス顔になり、即座に釈放してくれた。むすこの質問を受けた時、たぶん、この折のことを思いだしたであろう。

渋沢は一八七四（明治七）年、東京市養育院の院長を頼まれ、承諾した。以来、一九三一（昭和六）年に亡くなるまで、実に五十七年にわたって院長を務めた。

昔は養育院は、孤児など児童を収容していた。ある年、渋沢は子どもたちを遊園地に招待し、一日遊ばせた。帰る際、子どもたちにこんな挨拶をした（渋沢は演説が好きだった）。

「人間は嬉しかったこと、苦しかったことを後までよく覚えていて、自分を励ます材料にしてゆかなければいけません。苦しかったこともすぐ忘れて、奮発心を燃やす薪《まき》にしなかったり、今日のような嬉しさも深く嚙みしめずに、その場限りで忘れるようでは、総《すべ》てのことが心の栄養になりませんよ」

渋沢秀雄（大石のワイロを問うた子息）の、『明治を耕した話』に出てくる言葉である。標記の語も、養育院での新年の挨拶。

「私も君らも新しく一つ年を取ったが、君らは十二、三、私は九十、同じ一年でも私は九十分の一の値打ちしかない。しかし君らには十二、三分の一の値打ちがある。皆さんは私よりも、それだけ一年を大切に使わなければいけません」

渋沢栄一

しぶさわ・えいいち● 1840年3月16日（天保11年2月13日）― 1931（昭和6）年11月11日。武蔵国榛沢郡血洗島村（現埼玉県深谷市）の豪農・渋沢家の長男として生まれた。幼名は市三郎。15代将軍徳川慶喜の実弟徳川昭武に随行しパリの万国博覧会を見学、欧州諸国の実情を見聞。明治維新により欧州から帰国。静岡藩に商法会所を設立。明治政府に仕え、大蔵少輔事務取扱となる。1873年に大蔵省を辞したのち、第一国立銀行を開業、総監役となる。日本赤十字社、日本郵船会社、帝国ホテル等を創立し、株式会社制度による企業育成に尽力、「道徳経済合一説」を説いた。著書に『論語と算盤』『徳川慶喜公伝』ほか。91歳で永眠。

私はこの物語に
ずい分悩まされたのを
覚えています。

――美智子皇后

皇后美智子さまが、喜寿を迎えられた。

体調を問われて、「加齢のためか、体に愉快でない症状が時折現れるようになり」と文書でお答えになられている。陛下も自分も、「少ししんどい年齢に来ているかと感じています」。美智子さま独特の表現である。

宮中記者会の「今年を振り返られてのご感想」の質問に、「津波てんでんこ、炉心溶融、シーベルト、冷温停止、深層崩壊等、今年ほど耳慣れぬ語彙《ごい》が、私どもの日常に入って来た年も少なかったのではないでしょうか」と答えられている。美智子さまの鋭敏な語感や、言葉に対する並々ならぬご関心の程が窺われる。

美智子さまは、中学二、三年の頃、「その美しい書き出しにひかれ」、松尾芭蕉の『奥の細道』を読んだことが、古典に親しむきっかけであったと語っておられる（『歩み　皇后陛下お言葉集』）。その勉強法は、単語を調べ、くり返し音読することだった。そしてあとは想像力に頼るのである。美智子さまは、「誠に乱暴な読み方で、ずい分間違った解釈もしていたことと思います」とおっしゃられる。

そしてつけ加えられたのは、中高時代を通じて両親に本を買っていただいたことはないが、この古典を読んでいた時だけは、父に頼んで手もとの辞書を譲ってもらったという。その辞書は、一九四四（昭和十九）年に発行された、博文館の『新修漢和大字典』と、一九三〇（昭和五）年発行の三省堂『広辞林』で、この二冊は表紙を何度か製本し直しながら、現在も使っていると記されている。

美智子さまの著書に、『橋をかける』がある。「子供時代の読書の思い出」をつづったもので、これは読書論のみならず、児童論、人生論、恋愛論、そして美智子さまの思想遍歴、人格形成の書としても読める、多くの示唆に富む名著で、現在は文庫で売られているから、是非、お読みいただきたい。

戦争中に小学生であった美智子さまは、父から渡された一冊の本に、心を動かされた。

「今、題を覚えていないのですが、子供のために書かれた日本の神話伝説の本がありました」

その中に出ていた、ヤマトタケルノミコトの東国遠征物語である。海が荒れて皇子タケルの船が難儀する。つき添っていた后《きさき》のオトタチバナヒメノミコトが、海神の怒りを鎮めるため入水《じゅすい》する。オトタチバナは、別れの歌を歌う。

「さねさし相武《さがむ》の小野に燃ゆる火の火中《ほなか》に立ちて問ひし君はも」

先だって枯れ野を歩いていた時、敵に謀《はか》られて火を放たれ、逃げ場を失った。炎の中であなたは私を気遣って下さった。あなたはとっさに剣で草原を斬り払い、その草に火をつけて向かい火とし焼き立てた。そのため一命をとりとめたのだが、あなたの優しい心は決して忘れません。
美智子さまはオトタチバナの歌に衝撃を受けた。一つには、タケルと「任務を分かち合うような、どこか意志的なものが感じられ」たからである。「いけにえ」を進んで受け入れつつ、これまでの人生で、「最も愛と感謝に満たされた瞬間の思い出を歌っている」、「愛と犠牲」が一つのものとして読みとれたからである。そして標記の感想を述べられた。
オトタチバナの物語には、「何かもっと現代にも通じる象徴性があるように感じられ」た
美智子さまは、不思議なご縁で皇室に入られた。

美智子皇后

みちこうごう●1934（昭和9）年10月20日生まれ。日清製粉勤務の正田英三郎・富美夫妻の長女として東京府東京市本郷区（現東京都文京区）で誕生。1941年に雙葉学園雙葉小学校に入学。聖心女子学院中等科へ進み、1957年、聖心女子大学文学部外国語外国文学科（英文学）を首席で卒業。軽井沢で開催されたテニス大会で当時の皇太子・明仁親王と出会う。1959年4月、成婚。1960年に第一男子浩宮徳仁親王が誕生。1965年、第二男子礼宮文仁親王誕生。1969年、第一女子紀宮清子内親王誕生。宮中御産殿での出産や乳母制度、伝育官制度を廃止し、ご自身で育児をされた。

其《その》姓《せい》名《めい》いずくんぞ
黄金と共に
耀《かがや》くを得んや

——富田鉄之助

一八六七（慶応三）年は、坂本龍馬が暗殺され、夏目漱石や幸田露伴、尾崎紅葉ら文豪が生まれた年である。この年の七月、横浜に停泊していた米艦コロラド号に、五人の日本人が乗船し、アメリカに向かって出港した。三人が仙台藩の者である。

一人は富田鉄之助といい、藩の重臣（二千石）の四男で、彼は西洋砲術を学ぶため、藩命で江戸の勝海舟塾に入った。海舟の長男が留学することになり、富田は同塾の高木三郎という者と随行を仰せつかった。費用は仙台藩から出た（高木は庄内藩士である）。

コロラド号の、彼らは上等船客である。下等船客に高橋和吉《わきち》と鈴木六之助がいた。二人とも仙台藩の足軽の子である。実は藩の重役の大童《おおわら》という者がお膳立てをしてくれた。大童は福沢諭吉の知友で、前途ある若者の面倒を見るのが何より好き、という奇特なご仁であった。ただし身分だけはどうしようもない。富田は二人に同情し、乗船前二十ドル金貨を一枚ずつくれた。高橋は飲み助だから、航海中に酒に代えてしまった。鈴木の金貨も借用し、これも飲んでしまう。

サンフランシスコに着いて、事の次第を知った富田は、烈火の如く怒った。すぐさま帰国せよ、と高橋を責めた。三日間なじり続けた、と高橋の自伝にある。さいわい、詫びが通って帰らずにすんだ。

富田は金銭にきわめて厳しい人であった。アメリカでの生活費がどのくらい必要か、大童に詳細な見積りを書き送っている。食料は一カ月で二十四ドル、炭油・クリーニング代、共に一カ月二ドル、本代（一年間）五十ドル、宿代二ドル（二人で一室なら安くなる）、塾代、家庭教師代などを含めると、年に七百ドルはかかると計算し、金貨なら五百ドルで紙幣七百に相当する、ただし両替相場は毎日何度も変わり、「千里同風銭時《せんりどうふうせんじ》の相場也」、千里同風は天下太平のこと、銭時は戦時に掛けた洒落だろう。つまり、政治の風向き次第で金の価値が変動する。謹厳実直な人だが、まじめな顔をして、おかしなことを言う。帰国後、富田は日本銀行の設立委員となった。初代副総裁、二代目総裁を務めた。

松方正義大蔵大臣と意見が合わず、一年半で辞任した。松方は鹿児島人で、富田は官軍に抵抗した仙台藩である。薩長閥に押し切られた、とうわさが立った。これを聞いた勝海舟が、笑いながら人に語った。「あいつも人並に二万か三万を松方に贈ればよいものを、反物《たんもの》一反、進物《しんもつ》に届けない。こうなるのも当たり前だよ」。

ところで飲ん兵衛の高橋和吉だが、彼はのちに七代目の日銀総裁になる。どころか大蔵大臣になり、総理大臣に出世する。そう、高橋是清《これきよ》、その人である。そして高橋に飲み代をふんだくられた鈴木六之助は、知雄《ともお》と改名し、第二高等学校教授から日本銀行に入行し、出納《すいとう》局長を務めた。一緒にアメリカ留学した仙台藩の三人は、期せずして日本銀行に関わったのである。

富田は東京府知事にもなった。また、一橋大学の前身・商法講習所や、新島襄《じょう》の宮城英学校（のち東華《とうか》学校）の設立に骨を折った。英学校の開校式で述べた祝辞で、幸福は富貴権力にあるのではなく、各自が学んだことを実業に応用し、一家をなし、「良心ノ咎《とが》メ無キニ在《あ》リトス」、幸福は他人に関係なく自分にある、そう思えば嫉妬や憎悪の念は起こらぬ、と。標記の語「其姓名いずくんぞ黄金と共に耀くを得んや」は、莫大な財を築いても、築いた者の名は輝かないだろうの意。

富田鉄之助

とみた・てつのすけ●1835年12月5日（天保6年10月16日）―1916（大正5）年2月27日。明治時代の官僚、実業家。名は実則。陸奥仙台藩士富田実保の四男として生まれる。勝海舟に師事し、1867年、幕命により米国へ留学、経済学を学ぶ。ニューヨーク領事心得、ニューヨーク副領事、上海総領事、英国公使館一等書記官等を歴任して帰国。大蔵大書記官として日本銀行創立事務にあたった。1882年より副総裁、1888年に総裁に就任。総裁辞任後も勅選貴族院議員、東京府知事を歴任。富士紡績、横浜火災保険、日本鉄道の設立にも携わる。1886年に仙台東華学校を設立するなど教育活動にも取り組んだ。享年80。

貫かずしては
やむまじき心に
御座候

――樋口一葉

ドリトル先生は立派なお医者さまだが、動物が好きで、むやみに飼ってしまう。世の中には動物嫌いな人が結構いて、ドリトル先生を敬遠し、よその医院に移ってしまう。当然、先生は貧乏になる。けれども、先生は意に介さない。「金などというものは、厄介なものだ」と言う。これは先生の口癖である。

「『あんなものが発明されなかったら、わしたちはもっと楽に暮せたらう。仕合せでありさへすれば、金がなんだといふのだ』」

ロフティング作、井伏鱒二訳「ドリトル先生シリーズ」の第一巻『ドリトル先生（アフリカ行き）』のセリフである。

先生は動物から動物語を教わり、獣医さんになる。そして、はるばるアフリカに動物の治療に出かける。病気を治してもらった猿たちが、お礼に、前と後ろに頭がある珍獣「オシツオサレツ」を先生に贈る。

これを連れ帰った先生は、たちまち評判となり、人々は見物料を払って群がる。先生は大金持ちになった。

「『金とは、まことに厄介なものぢゃ』と、先生は言ひました。『だが、苦労しないですむのも、またいいことぢゃ』」

ドリトル先生の口癖ではないが、確かにお金は厄介なものである。

それを身に沁《し》みて感じつつ、二十四年の生涯を送ったのは、『たけくらべ』『十三夜』『にごりえ』の作者、樋口一葉であろう。現在、五千円札の肖像に選ばれている彼女は、皮肉にも一生を貧窮のうちに過ごした。

「一葉」は筆名だが、貧乏に由来する。ある日、知りあいが亡くなられた。弔問に行きたいのだが、香典の金が無かった。お米さえ買えない時だった。妹が自分の着物を質に入れて都合する、と言った。一葉はためらい、こんな狂歌を作って妹に示した。

「我こそはだるま大師に成にけれ　とぶらはんにもあしなしにして」

ダルマさんには足が無い。東京人はお金のことを、俗語でおあしと称した。ダルマ大師は葦《あし》の一葉（小舟）に乗って布教につとめた、という伝説があり、「葦」を「足」にも掛けている。「とぶらう」も「弔う」と「訪れる」の両方の意味がある。

にっちもさっちもいかなくなって、怪しげな占い師を訪ね、偽名を名乗って、株相場をやりたいから金を貸してほしい、と頼んだ。占い師は美しい一葉に目がくらみ、おいしいことを言ったらしい。一葉は手紙で更に借金を申し込んだ。自分にはやりたい事がある。歌の道を極めたい。しかし、金が無い。

「もとより微弱の身に候へども、生死一身《しょうじいっしん》をはなれての願ひに候へば、運命はしらず、貫かずしてはやむまじき心に御座候」

この希望は何としても実現させる決心である。「もとより微弱の一少女に候へば」と言葉を繰り返し、必死にすがっている。しかし、金策はならなかった。金のために身を売らなかったことを、むしろ良かった、と祝福する思いである。後世の私たちは、『通俗書簡文』という手紙の書き方の本を書いている。一葉は、生前唯一の著書だが、面白いことに借金依頼の手紙例文はない。たくさんの申し込み状を書いた人なのに。

『三島由紀夫レター教室』に、借金申し込みの大切な要素は、メソメソしていない、毅然としていること、とある。「人は他人のジメジメした心持ちに対してお金を上げるほど寛大ではありません」。

樋口一葉

ひぐち・いちよう● 1872年5月2日（明治5年3月25日）― 1896年（明治29年）11月23日。日本の小説家。東京生まれ。本名は奈津、通称は夏子。中島歌子に歌、古典を学び、半井桃水に小説を学ぶ。1883年に私立青海学校小学高等科第四級を主席で修了後退学。1887に兄、翌々年に父を亡くしてからは、母と妹と暮らし、小間物屋を営みながら中島歌子の萩の舎で講師をして生活を支えた。処女小説『闇桜』が雑誌『武蔵野』に掲載される。1895年より『たけくらべ』『大つごもり』『にごりえ』『十三夜』などを発表。15歳から晩年まで綴っていた日記も近代文学の傑作といわれる。肺結核により永眠。享年24。

この地震で
日本人がわかった。
日本人の
本当の親切と
いふことがわかった。

――田山花袋

一八九六（明治二十九）年六月十五日午後七時三十分頃、三陸沖でマグニチュード8・5の海底地震があり、その四十数分後に、青森、岩手、宮城の太平洋岸に津波が押し寄せた。死者・行方不明者、約二万二千人。当時の新聞には、「三陸海嘯《かいしょう》」とある。海嘯は、津波のことである。

出版社「博文館」の社長の娘婿・大橋乙羽《おとわ》は、被災地の惨状に心を痛め（みずから現地を視察した）、義援金を集めて贈ることを決意した。

知る限りの文筆家や画家に声をかけ、原稿や絵の寄贈を願った。原稿の枚数や内容を問わない。このたびの災害に関係のない文章でも構わない。ただし、しめきりまで五日間しか無い。依頼したのが、六月二十七日と二十八日で、しめきりが七月三日。五日の夜に、作家の徳田秋声《しゅうせい》と編集作業をしたが、この時点で七十余編の作品が集まった。最終的には九枚の絵と、八十五編の文章をまとめ、七月二十五日付で、『文芸倶楽部』臨時増刊号を発行した。

タイトルは、「海嘯義捐《ぎえん》小説」という。月刊誌『文芸倶楽部』の定価は十五銭だが、この号に限って定価は二十銭、全額を義援金として贈った。

寄稿に応じたのは、森鷗外や尾崎紅葉、幸田露伴、島崎藤村など、当時の大家、花形、流行作家、そして、新人作家など多彩である。

樋口一葉も、「ほとゝぎす」というエッセイを寄せている。一葉はこの年の十一月に、二十四歳で病没している。亡くなる四カ月前の貧窮にあって、しかも重い病床から、三陸の人たちにエールと志を届けているのである。

そして一葉がひそかに恋心を抱いた師の、半井桃水《なからいとうすい》も短編を寄せている。夏目漱石は熊本の五高教授で、作家デビューしていない。

のちに短編「蒲団《ふとん》」で注目される田山花袋《かたい》は、この頃は紀行文で一部に認められている若者にすぎなかった。

「一夜のうれひ」というエッセイを書いている。眠れぬままに死を考えるというもので、明らかに三陸海嘯に触発されての内容である。

花袋は、のちに『東京震災記』という、一九二三（大正十二）年九月一日の関東大震災のルポルタージュを出版している。地震当日から四カ月間ほどの、東京や東京近郊の様子を記録している。歩いて、見たままを描いている。

震災三日目、四ツ谷駅近くに停車している電車の横腹に、「朝日新聞特報」と大書され、食糧は飛行機の活動によって、大阪より送られつつある、市民諸君よ心配するな、というような意味の文章が記されてあった。すれ違う人が、「大きな揺り返しがくる」とか、「囚人が放された」とか、勝手なことをどなっていく。不確実な情報のこわさを、花袋は記している。

箱根や小田原方面から、続々と避難者が東海道線のレール上を歩いて東京にやって来る。避暑に出かけていた人たちである。外国人も、まじっている。一人の外国人が着ているシャツを指さしながら、「こんなに日本人が親切とは思わなかった」と感嘆している。裸で歩いていると、道ばたにいた見ず知らずの人が、気の毒がってシャツをくれたという。

「日本人、えらいですな！　かういふ災厄に逢っても、びくともしない。決して慌《あわ》てない。それに親切だ！　これは私達の国ではとても見られないことです」。続けて標記の言葉「この地震で日本人がわかった。日本人の本当の親切といふことがわかった」と語った。

『東京震災記』は一九二四（大正十三）年四月に刊行された。出版社は、かの博文館である。

田山花袋

たやま・かたい●1872年1月22日（明治4年12月13日）―1930（昭和5）年5月13日。小説家。栃木県邑楽郡館林町（現群馬県館林市）生まれ。本名は録弥。漢学を学び、漢詩文を雑誌に投稿するなど文学に目覚める。1886年、14歳で家族とともに上京。19歳のときに尾崎紅葉を訪れ小説家を志し、『瓜畑』を発表。翌年より花袋と号した。和歌や詩に親しみ、島崎藤村・国木田独歩らと交流をもつ。1904年には日露戦争第二写真班員として従軍記者となる。帰国後、新しい文学を試み『蒲団』を発表、自然主義文学を確立する。続いて『生』『妻』『縁』の三部作や、『田舎教師』を発表。咽頭癌のため自宅にて死去。享年58。

世の中の
すすんだことをうらんだり、
そんないくじのねえことは、
けっしてしない。

——新美南吉

ある日、でんでん虫は大変なことに気づく。背中の殻の中には、悲しみがいっぱい詰まっている。どうしたらよいのか。でんでん虫は、仲間を訪ねて訴える。すると仲間は、自分の殻も悲しみだらけだ、と言う。別の友人に聞く。やはり同じことを答える。そうか、悲しみは誰でも持っているのか。自分だけではないんだ。でんでん虫は嘆くのをやめた。

美智子皇后は幼い時、このお話を聞かされ、強く印象に残ったという（『橋をかける 子供時代の読書の思い出』）。その後何度となく、思いだされたというから、よほど強烈に感じられたのだろう。しかし、「私は、この話が決して嫌いではありませんでした」。

恐らく少女時代に、このお話の原典をお調べになられたに違いない。そして新美南吉《にいみなんきち》という、二十九歳で亡くなった童話作家の、『でんでん虫のかなしみ』だと突きとめられた。そこで新美の他の作品もお読みになられ、すっかりファンになられ、全作品を愛読された。たぶん、座右の書にされたのではないか。というのは、ご結婚後に、福島のある小学校に、新美南吉の全集を贈られている。なまなかの思い入れではない。

東日本大震災の被災地を、陛下とご慰問なされた。お年寄りの手を取られ、「よく耐えてこられましたね」とお言葉をかけられる場面をテレビで見て、『でんでん虫のかなしみ』が、美智子皇后の読書の出発点であることに、深い感慨を覚えたのだった。

筆者も新美の童話は読んだが、「でんでん虫」の話は知らなかった。この作品は文庫や作品集には収められていない。新美の全集でしか読めないのである。皇后が紹介されて、初めて知った、という読者が多い。

筆者が最初に読んだ新美童話は、『おじいさんのランプ』だった。なぜ読む気になったかといえば、生活の体験があったからである。筆者の生家は、山の上の一軒家で、電気が通っていなかった。明かりは、ランプである。少年雑誌の付録に、幻灯機の組み立て一式がついたことがある。苦労して完成させたが、最後に、電球を箱に入れ点灯せよ、とあった。あの時くらい、ランプを恨めしく思ったことはない。

『おじいさんのランプ』は、こんな話である。

孤児の巳之助《みのすけ》は村人の世話で生きている。何とか自立したいと願っている。ある夜、隣の町に出かけ、ランプというものを初めて見る。何という明るさ。これを村で売ってみよう。巳之助は意気込んだが、さっぱり売れない。雑貨屋に頼んで、タダで使ってもらう。すると便利なことを知った雑貨屋が、客に宣伝してくれた。巳之助の商売は当たった。

よいことは長く続かぬ。電気というものが引かれ、ランプは見向きもされなくなった。巳之助は手持ちの商品全部を、池のそばに運び、一個ずつ火を入れながら、木の枝につるした。「風のない夜で、ランプは一つ一つが、静かにまじろがず燃え、あたりは昼のように明るくなった。あかりをしたってきたさかなが、水の中できらりきらりとナイフのように光った」。そして巳之助は池の向こう側に行って、石をランプに向かって投げ始めた。おれの商売のやめ方はこれだ、と独り言しつつ。一つずつランプが割れて消える。「自分の古い商売がお役にたたなくなったら、すっぽりそいつをすてるのだ」。以下、標記の語「世の中のすすんだことをうらんだり、そんないくじのねえことは、けっしてしない」。巳之助はランプ屋を廃業して、何を始めたか。町に出て、本屋を開いた。筆者もランプ生活を脱けだして、東京で古本屋になった。

新美南吉

にいみ・なんきち●1913（大正2）年7月30日―1943（昭和18）年3月22日。児童文学者。愛知県知多郡半田町（現半田市）で生まれる。中学生のときから創作を始め、『緑草』『少年倶楽部』等へ童謡や童話を投稿。卒業後、代用教員をしながら『赤い鳥』に投稿を続け、1932年に『ごん狐』が掲載される。北原白秋、詩人の巽聖歌・与田凖一らに師事。同年、東京外国語学校（現東京外国語大学）英語部文科に入学。卒業後は神田の貿易商会に勤めるが、喀血のため帰郷。小学校の代用教員等を経て、安城高等女学校（現安城高校）の教員となる。病に苦しみ結核で死去、享年29。代表作は『ごんぎつね』『手袋を買いに』『おじいさんのランプ』他。

牛になる事はどうしても必要です。

——夏目漱石

二〇〇九（平成二十一）年は、丑年《うし》である。そこで牛に関することわざや言葉を、電子辞書の『広辞苑』で検索したら、「牛驚くばかり」という語が出てきた。聞いたことのない言葉である。「物の黒いさまにいう語」とある。どういう風に使うのだろう？　「牛驚くばかりの深い闇であった」とでも使うのだろうか。牛よりも、聞いた方が驚いてしまうだろう。

そういえば、「暗闇から牛を引き出す」という言葉もある。暗がりから、とも言う。暗闇に黒い牛は、わかりにくい。物事の判断がつきにくいこと、の意らしい。暗闇から黒牛を、が元の言葉だったのだろう。してみると、牛驚くばかりも黒牛が驚くばかり、が原形であったかもしれない。あるいは、暗闇の黒牛が驚くほど黒い、というのが原義かも知れぬ。

子どもの頃、こんな言葉遊びをした。

「子どもが風邪をひいて寝ていたの。そこに牛がモーとなきながら、見舞いにきた。次に蝶々がやってきた。子どもの病気は、なあんだ？」

大抵の子が、「簡単だよ。子どもの病気は盲腸さ」と答える。「残念ジャガ芋サツマ芋」と得意げに教える。「子どもは風邪をひいて寝ていたんだよ」。

一九一六（大正五）年、東京帝国大学生の芥川龍之介は、菊池寛らと文芸同人誌、第四次『新思潮』を創刊し、短編『鼻』を発表した。時の文豪、夏目漱石に激賞された。以来、漱石は何かと目をかけてくれ、手紙で励ましてくれた。

「勉強をしますか。何か書きますか。君方《きみがた》は新時代の作家になる積《つもり》でせう。（略）どうぞ偉くなつて下さい。然し無闇にあせつては不可《いけ》ません。たゞ牛のやうに図々しく進んで行くのが大事です」

三日後、更に長い手紙が届く。

「牛になる事はどうしても必要です。吾々はとかく馬にはなりたがるが、牛には中々なり切れないです。（略）あせつては不可《いけ》ません。頭を悪くしては不可ません。根気づくでお出なさい。（略）うんうん死ぬ迄押すのです。それ丈《だけ》です。（略）牛は超然として押して行くのです。何を押すかと聞くなら申します。人間を押すのです。文士を押すのではありません」

小さい時分、満腹して横になると、「牛になるよ」と母親に叱られた。「牛になるつもりだ」と生意気に、よく口答えした。

漱石の言う、「牛になりなさい」は、ぐうたらと寝そべることではなさそうだ。あせらず、図々しく進め、と言う。根気づくで押して行け、と言う。押すのは人間だ、と言い添えている。人間は、世間と言い換えてもいいだろう。も少し大きく表現すれば、人生だろうか。

漱石がイメージした牛は、どんな恰好の牛だったのだろう。頭を下げて、黙々と巨大な物を押して進む牛だったろうか。

漱石と並ぶ明治の文豪・幸田露伴に、こんな句がある。

「天鳴れど地震ふれど牛の歩みかな」

地震は「ない」と読む。雷が鳴っても地が揺れても、牛は動じないでゆっくりと歩いていく、というのである。不況激動の世に生きる私たちへの励ましであろう。

大正天皇に、「牛」と題する御製《ぎょせい》がある。

「人はみな牛のあゆみにならはなむ　つまづくことのたえてなければ」

漱石の言う「無闇にあせつては不可ませんん」である。

夏目漱石

なつめ・そうせき●1867年2月9日(慶応3年1月5日)—1916(大正5)年12月9日。小説家、評論家、英文学者。本名、金之助。江戸の牛込馬場下横町(現東京都新宿区喜久井町)生まれ。俳号は愚陀仏。東京帝国大学英文学科卒。官費留学生として、英国に留学。ロンドンの生活になじめず神経衰弱に陥る。2年間の留学ののち帰国し、一高、東大、明大で教鞭を執る。1905年、『吾輩は猫である』を発表、翌年には『坊っちゃん』『草枕』など話題作を発表。1907年、東大を辞し、新聞社に入社して創作に専念。『三四郎』『それから』『こころ』等、数々の傑作を著した。『明暗』執筆中に胃潰瘍が悪化し永眠。享年49。

つまらん奴が
つまらんという事は、
大変面白い
という事でしょう。
——黒澤明

誰にも覚えがあると思うが、ある日、猛然と勉強したくなる。心を入れかえて、まじめに学ぼうと決意する。大抵、三日坊主で終わるけれど、とにもかくにも、殊勝にもそんな気持ちに駆られる時がある。

勉強を続けた者と、投げだした者で、その後の人生は確実に変わる。成功者と、失敗ではないが、ごく当たり前の道を歩む者と。

人は、どんな時に、決意するのだろう？　そしてどんな方法で勉強に励むのだろうか。先人の実例を知りたく、いろいろ調べている。できるなら、参考にしたいではないか。

淡島寒月《かんげつ》という人がいる。業績らしきものは何も残していない。明治の文豪、尾崎紅葉や幸田露伴の年譜を見ると、必ず名が出てくる。二人に、井原西鶴《さいかく》という江戸期の文人の偉大さを吹き込んだ、とある。西鶴はしばらく忘れられた作家だった。寒月が明治になって再発掘し、紅葉と露伴に教え、二人は西鶴の影響を受けた作品を発表する。要するに寒月は、明治文学の助産師の役を果たした人である。

実に変わった人であった。福沢諭吉の本に感化され、西洋にあこがれた。並大抵のあこがれではない。西洋人になろうとして、髪を赤く染めた（茶髪の元祖である）。英語を習い、洋式の生活をした（日本橋の大店《おおだな》のむすこだから、金にはこまらない）。しかし、外国に行って、日本の文化のことを訊かれたら何も答えられないことに、はた、と気がついた。

それで図書館に日参し、日本の古典を猛勉強した。西鶴文学のすばらしさを認識した、というわけである。寒月は古美術にも造詣が深く、こちらの面の「弟子」に會津八一がいる。人にいい影響を及ぼした生涯も業績と考えるなら、淡島寒月はその一人かも知れない。

映画監督の黒澤明が、二〇一〇年、生誕百年である。あちこちで記念行事や上映が行われるらしい。標記の言葉「つまらん奴がつまらんという事は、大変面白いという事でしょう」は、若き日の黒澤が検閲官に向かって放ったもの。作品の「虎の尾を踏む男達」を、くだらぬと評されて皮肉った。この言葉の前段は、こうである（黒澤明著『蝦蟇《がま》の油』）。「くだらん奴が、くだらんという事は、くだらんものではない証拠で、つまらんという事は」うんぬん。

戦争中、黒澤たちは表現の自由がなかった。社会問題を扱うと、検閲された。撮影所では、句会が流行した。花鳥諷詠《かちょうふうえい》の俳句は、検閲官から咎められない。黒澤も、のめりこんだ。

そんな折、高浜虚子《きょし》の本で、虚子が推奨する句に衝撃を受けた。滝と題して、「滝の上に水あらはれて落ちにけり」。

素直で正直な観察と、素朴な表現に、ただ字句をひねくりまわしている自分に愛想が尽きた。わかっているつもりで、わかっていないことが、たくさんある。

「そして、私は、日本の伝統的な文化について改めて勉強しよう、と思い立った」

俳句に始まって、陶磁器や工芸、能などの美の追求に没頭する。これらの勉強の成果が、ヴェネチア国際映画祭グランプリの『羅生門』や、『蜘蛛巣城《くものすじょう》』『乱』他に結実する。

「仕事の楽しさというものは、誠実に全力を尽したという自負と、それが全て作品に生かされたという充足感がなければ生れない」

黒澤明の言葉である。こういう言葉も、述べている。

「高い山は、それを見る者が高い所へ登れば登るほど、高く見える」

努力し成長しなければ、最高の境地を味わえぬというのである。

黒澤 明

くろさわ・あきら●1910（明治43）年3月23日―1998（平成10）年9月6日。映画監督。東京生まれ。1936年、P.C.L.映画製作所（のちに東宝と合併）に入所し、助監督を務める。俳優・三船敏郎にほれ込み、多くの作品で起用。東宝争議を経て、成瀬巳喜男監督らと映画芸術協会を設立し東宝を退社。『羅生門』で国際的に注目される。『七人の侍』でヴェネチア国際映画祭銀獅子賞を受賞。『蜘蛛巣城』『隠し砦の三悪人』を撮影後、独立プロダクション黒澤プロを設立。『用心棒』『椿三十郎』『天国と地獄』他を発表。1985年文化勲章受章。1990年米アカデミー名誉賞受賞。新作脚本執筆中に脳卒中により死去。享年88。

第一ハ身之養生致シ、
其次ハ勉力ニ候

岩崎彌太郎

ＮＨＫの大河ドラマ「龍馬伝」は、三菱の創業者である岩崎彌太郎《やたろう》の目を通して、坂本龍馬を描くという触れ込みで始まったが、当然、龍馬は主役であるにしても、彌太郎という人物がいかにも影が薄い。

考えてみると、幕末史において、私たちは彌太郎の役割をよく知らない。なじみが無い、と言ってよい。龍馬の活躍ぶりに目を奪われてしまっている。

テレビドラマの中の彌太郎は、貧しい生活の中で書物を手離さない（本を泥だらけにするシーンがあったが、この時代、本は貴重な物であって決して粗末にしない。本嫌いといわれる龍馬でさえ汚さぬようカバーをかけて読んでいた。そういう手紙を残している）。

実際の彌太郎も、大変な読書家だったらしい。『資治通鑑《しじつがん》』という中国の歴史書を、愛読していたという。この本は一千三百年間の史実を編年体でつづったもので三百巻近くある。これを彌太郎は何度も繰り返し読んだというから、すごい。

一八七二（明治五）年から翌年にかけて、彌太郎はアメリカに留学中の岩崎彌之助あてに、こんな手紙をひんぱんに送っている。

決してお国のことは心配しないでほしい。「只々《ただただ》貴様之《の》学問進歩、知識開張致シ」、私の助けとなるよう、日夜、希望している。しかし貴様も昼夜机にかじりついているだけでは、病気をひき起こす心配がある。

「折々野行散歩運動致シ、一身之健康ヲ第一、其次学問進歩ニ注意致候様肝要ニテ」、今更くどく言わないでもご承知と思うが、念のため申し置く。「花柳街頭無頼之挙動」は、貴様には断じて無いはずと信じているから、別に今更言わない。（略）「我等モ横行文字ハ一丁モ」わきまえず、一語も通じないから不自由をきわめている。暇を見つけて勉強せねばと思うが、事務多端、何ともできない。うんぬん。

「横行文字」は、外国語のことである。蟹行文字《かいこうもんじ》とも言った。蟹《かに》が横に歩く様。現代でも、横文字と称している。

「野行散歩運動」の野行は、郊外ピクニックのことだろう。散歩という言葉が、この頃遣われていたのである。

彌太郎は彌之助あてに、ほぼ一カ月に一本の割で手紙を送っている。筆まめな人だが、自伝や手記は残していない。そのため彌太郎という人物は謎が多く、その人間的な部分が伝わらない。しかしこの彌之助への手紙を読む限り、非常に思いやりの深い人間でなかったか、と想像される。当時はこれが当たり前とはいえ、常に彌之助の健康をおもんぱかり、毎回、注意を忘れない。

前にも申したが、「第一ハ身之養生致シ、其次ハ勉力《べんりょく》ニ候」「修業之傍《かたわら》休暇ニハ野行運動」、筋骨の疲れは捨ておかずにせよ。

勉強ばかりせず、「野行運動時々相試《あいためし》」、かえすがえすも養生が肝心である。「勉強ニモ散歩運動ハ不可欠之摂生《せっせい》ニ候へバ……」

ところで彌之助は、彌太郎の愛児ではない。弟である。十七歳も年が離れている。一八七二（明治五）年に彌之助は二十一歳だった。事業の相棒として、この弟に期待していたのである。実際に彌之助は副社長から社長になった（三菱の三代目が彌太郎のむすこ久彌である）。頭が切れて、度量が大きく、実質、三菱を発展させたのは、この二代目といわれる。

彌太郎は一八八五（明治十八）年に亡くなった。彌之助はその二十三年後に逝去。

岩崎彌太郎

いわさき・やたろう●1835年1月9日（天保5年12月11日）—1885（明治18）年2月7日。三菱財閥の創業者。土佐国安芸郡井ノ口村（現高知県安芸市）生まれ。21歳で江戸へ出て安積艮斎の門人となる。父の投獄を知り帰郷、冤罪を訴え彌太郎も投獄され村を追放される。吉田東洋が開いた少林塾に入塾。土佐商会主任、長崎留守居役に抜擢され、藩の貿易に従事。藩命により坂本龍馬率いる海援隊の会計を務める。維新後、開成館大阪出張所（大阪商会）に移る。大阪商会は九十九商会と改称し海運業に従事。1873年に三菱商会と改称し個人企業とする。1877年に勃発した西南戦争で財を得、三菱財閥の基礎を築く。享年50。

勇ましい
高尚なる生涯、
他人に後ろ指を
さされない
生涯を送る

——内村鑑三

十一月一日は、犬の日だそうである。一が三つ並んで、ワンワンワンだからという。犬の日があれば、猫の日だってある。二月二十二日。二が三つでニャンニャンニャン、とこちらはいささか苦しい。

では、古書の日をご存じだろうか。十月四日である。古書の古の字の頭が十だから、十月である。それに、十（図）四（書）でもある。猫の日同様、苦しまぎれの洒落だが、まあ記念日の大方はご愛嬌というものだろう。

七月の別名を、書披月《ふみひろげづき》という。むしろこちらの方を古書にこじつけたらと思うが、七月の暑さと本はしっくりしないのである。やはり、読書は秋の夜長であろう。

古書の日に、古書の講演をしてくれ、と頼まれた。古書の日を広く宣伝しようという、古書組合の思惑である。専門の話でなく、本の面白さを語ってほしい、との注文だった。

そこで自分が若い頃読んで感動した書物の何冊かを、取りあげ、その出会いから話した。中の一冊に、こんな本がある。

二十代の私は文学に凝り、同世代の数人と同人誌を発行していた。持ち回りで、一人が編集を担当した。皆から原稿を集め、掲載順を決め、割付けをし、印刷所に渡す。

ところが、ある号の担当者が、預かった原稿を紛失した。同人たちは憤激し、その者を吊《つ》るし上げた。私は下書きを残していたので平気だったが、皆は掛け替えのない原稿だ、と息巻いた。座が不穏になりかけた時、それまで黙っていた一人が、ポツン、とつぶやいた。「今回は全員が傑作揃いなんだねえ」。一同、急に、口をつぐんだ。「釣り落とした魚は大きい、というからね」。笑いながらその者が、イギリスの歴史家カーライルの逸話を語った。

カーライルが何十年か費して書き上げた『フランス革命史』の原稿を、一晩の約束で友人に貸した。友人が自宅で読んでいると、親しい者が来て、面白そうだから貸してくれ、と頼む。明朝必ず返すことと念押しして、また貸ししたら、原稿はその者の家の、何も知らぬ召し使いに燃やされてしまった。

カーライルは、呆然とした。それはそうだろう。何十年もの結晶が、灰になったのだから。しかし、彼は思い直した。あの原稿は、そんなに尊いものか。落胆するほどの傑作であったか。こんな事でひしゃげるような人間が書いた作品が、人の感動を呼ぶだろうか。もう一度、書き直せ。前のよりも更に良いものを書こう。カーライルは再び筆を執った。

私たちは、この話に感動した。実話だそうである。何の本に出ているか、と尋ねた。教えてくれたのが、内村鑑三の『後世への最大遺物』であった。

カーライルの例は、どんな不運に遭《あ》っても、手がけている事業を捨ててはならぬ、勇気を起こして再び挑戦せよ、という教訓として用いられていた。私はこの本に心を揺さぶられた。そして、恐らく一番影響を受けた。

内村鑑三は、言うのである。金も名声も事業も文章も、何ひとつ後世に遺《のこ》せない者にも、たったひとつ遺せる物がある。それは勇ましい高尚なる生涯、他人に後ろ指をさされない生涯を送ることである。そしてこの世が楽しかったと、次の世代に伝えること。これなら誰にもできる。

私は講演のしめくくりに、こう語った。

およそ書物くらい有益なものはない。愛書家の私たちは、それを知っている。私たちは本の楽しさを吹聴し、いい本をせっせと求め、次の世代に遺していこうではないか。誰にもできる役目である。

内村鑑三

うちむら・かんぞう●1861年3月23日（文久元年2月13日）—1930（昭和5）年3月28日。無教会派キリスト教伝道者・評論家。江戸小石川に生まれる。東京英語学校を経て、1877年、札幌農学校に第2期生として入学。在学中にクリスチャンとなる。同級生に新渡戸稲造・宮部金吾がいる。卒業後、農商務省官吏を経て、渡米。翌年、新島襄の勧めでアマスト大学に選科生として編入。シーリー総長の感化を受けて信仰を深め、日本での伝道を決意し帰国。無宗教主義を唱えた。『基督信徒の慰』『求安録』『代表的日本人』『余は如何にして基督信徒となりし乎』『後世への最大遺物』など、後世に残る名著作を和英両文で発表。享年70。

世間に名を成《な》し
人々に敬《うやまわ》るには
身持と心持とが大事

——尾崎紅葉

『日本橋』『婦系図』の作家、泉鏡花の師は、尾崎紅葉である。鏡花はそのシュールさと怪異さと、斬新な文体から、現代の若者たちに人気があるが、紅葉文学は影が薄い。代表作は『金色夜叉《こんじきやしゃ》』といっても、どんな内容の小説か、知る者も稀だろう。かつては、原作を読まない子どもでさえ、芝居や映画などで知り、あらましのストーリーを語れるほどの、「国民文学」だったのだが。

鏡花は十八歳で、紅葉に弟子入りした。その時、師はたった二十五歳、この歳《とし》ですでに押しも押されもせぬ「文豪」であった（だから弟子志願者が現れたわけだが）。

鏡花は紅葉宅の玄関番に置いてもらえることになった。客の対応、取次、雑事をこなしながら、作品を見てもらう。弟子入りが決まった日、紅葉に「明日越してこい」、そして、こう言われた。

「夜具はあるまいな？」。持っているか、と訊かれれば、ございません、とは答えにくい。持っていないだろうね、と言われたから、持っていません、と素直に出た。紅葉の、この思いやりに、鏡花はまず感激したのである。

紅葉は鏡花を筆頭に、多くの弟子を取った。晩年、病床にあった時、門下生が小説や随筆、俳句を持ち寄って一冊にまとめ、お見舞いの品がわりに贈ろうとした。書名を『換菓《かんか》篇』という。お菓子がわりの作品集である。当時、文壇の美談として評判になった。作品を寄せた者が十三名である。しかし、すでに亡くなった弟子もいる。弟子の総数は何人か、記された文献が見当たらない。女弟子もいた。

紅葉は親分肌の人で面倒見がよく、弟子たちの文章はていねいに添削《てんさく》し、おめがねに適えば、出版社に売り込んだ。

鏡花は小説作法だけでなく、世間常識、言葉遣い、食事のエチケット、金銭の扱い方、交際法など、人の世に生きるための知恵のすべてを教えられた、と語っている。まだ二十代の人間に、である。

小栗風葉《おぐりふうよう》という弟子がいた。鏡花が入門した翌々年に一緒に玄関番をしている。紅葉は風葉の父に、一人前になるまでは責任をもってお預かりする、ご安心下されたく、と手紙を送っている。

風葉から結婚の知らせを受け、祝賀状を呈したが、これほどの大事な用件をハガキで寄こすとは何事か、短文のものなりとも封書を用い、ていねいの意を表すべく今後は注意されたい、と小言を言い、さて改めて申すまでもないが、今までと違う身の上になるのだから、品行を大事に軽率のことなきよう留意肝要、酒はもとより交友の間、目下に臨む具合、長上に対する心得、世間に恥ずかしくない心掛け、すなわち文学者としての品位を保ち、人間としての道を立つること、日夜頭に置いて努めよ、「青年の活気を有し老成の了簡《りょうけん》を持候事身上持《そうろうこと》の第一義に候」、そして標記の語「世間に名を成し人々に敬《うやまわ》るには身持と心持とが大事」となる。紅葉はその作品よりも、人物の方が数等、立派だった気がする。

紅葉が友人数名と旅行に出かけた。梅雨の季節で皆手に洋傘を持っている。一人だけ、用意しない者がいた。汽車の中で酒を一本飲み切った。空きびんは水入れに使えるから持って行こう、と紅葉が提案し、手ぶらで来た友に預けた。その友は、おれは何も持ちたくない、と拒否した。誰だって手ぶらがいいけれど、世の中はそうはいかぬ、と紅葉が言った。「君は雨が降りだしたら誰かの傘に入る気だろう。そのつもりがなくても、君が濡れていたら、我々が黙って見ていられるか。誰か傘を差しかけることになる。君のような生き方はいけないよ」

尾崎紅葉

おざき・こうよう●1868年1月10日（慶応3年12月16日）―1903（明治36）年10月30日。小説家。江戸芝中門前町（東京都港区浜松町）生まれ。本名は徳太郎。幼時に母と死別し、母方の祖父母荒木家で養育を受ける。東京府第二中学校（現都立日比谷高校）を経て、帝大大学予備門（現東京大学教養学部）に入学。在学中、硯友社を結成、機関誌『我楽多文庫』を発行。1889年読売新聞社に入社し、帝大を中退。『伽羅枕』『三人妻』などの風俗小説を読売新聞に発表し人気を博す。泉鏡花や小栗風葉ら後進を育てた。「である」調の言文一致体を模索し、『二人女房』『多情多恨』を発表。長編大作『金色夜叉』の続編を連載中に胃癌で死去。享年37。

処世の秘訣は
誠の一字だ。

——勝 海舟

NHK大河ドラマの「龍馬伝」が評判のようである。ドラマではどう描かれるか興味しんしんだが、史実では坂本龍馬が、幕府の高官・勝海舟を斬りにいく。ところが勝に説得され、どころか勝の国防論に蒙《もう》を啓《ひら》かれる。その場で門弟を志願する。一介の剣客にすぎなかった龍馬が、勝に共鳴した時点で政治家・思想家に生まれかわる。

勝海舟という人物は、写真で見ると、日本人離れした風貌をしている。目がくぼんでおり、彫りが深くて、外国人のようである。海舟の息子はアメリカ人の女性と結婚した。当時としては珍しい国際結婚だが、それが少しも不自然に感じられない。

この女性の名を、クララ・ホイットニーという。一八七五（明治八）年に家族と来日した時、クララは十五歳、勝一家と親しく交際した。勝の娘の逸《いつ》がクララと同い年で、しかも誕生日が二十七日違いなので、特に逸と仲よしになった。子どもたち同士のつきあいから、恋が生まれ、やがて四つ下の梅太郎と結婚し、六児を産んだ。子らの命名者は、海舟である。

梅太郎は善人だったが、生活能力に欠けていたため、海舟の勧めで離婚をした。クララは子を連れて帰国した。慰謝料と月々の生活費は、勝家から届けられた。

クララは子どもたちに夫の話は全くしなかった。悪口も言わなかった。しかし海舟については理想的な人、として熱く語ったという。

日本滞在二十五年の日々を、クララは克明に記録した。日記には海舟夫婦や子どもたちの姿が、生き生きと記されている。

一八七五（明治八）年十一月、勝が訪ねてきたが、常に命をねらわれているため、昼は外出せず、夜間武装してお忍びで用事をする。差してきた刀をテーブルの上に置いた、とある。

また、クララの兄が海舟から聞いた言葉を、こう記している。訳文は一又《いちまた》正雄氏。海舟の曾孫に当たる国際法学者である。一八七九（明治十二）年の日記より。

「西郷（隆盛）の死後は、日本には正直な人間は一人もいないと確信した。ミカドは非常に裕福だが、他はすべて貧しく、官吏はみな他人のものを奪って自らを豊かにしようとする。誰も決して正直にならない。今日の時勢では正直は割が悪く、正直を実行しようと努めるものはすべて絶望に逐《お》いやられ、名誉の値があまり低すぎるのに失望して自殺してしまうと言われたという」

海舟ご本人の言葉を聞いてみよう。いずれも『氷川清話《ひかわせいわ》』から。

「世に処するには、どんな難事に出会っても臆病ではいけない。（略）なんでも大胆に、無用意に、打ちかゝらなければいけない。（略）もし成功しなければ、成功するところまで働き続けて、決して間断があってはいけない。世の中の人は、たいてい事業の成功するまでに、はや根気が尽きて疲れてしまふから、大事が出来ないのだ」

「根気が強ければ、敵も逐には閉口して、味方になってしまふものだ」

「要するに、処世の秘訣は誠の一字だ」

海舟は長崎に海軍伝習のため遊学した。オランダ人の教師から、市中散歩の効用を教えられた。以来、どこの町に行っても、あちこち歩きまわった。東京の町は知らない所はない、と自慢した。これがのちに役に立った。「時間さへあらば、市中を散歩して、何事となく見覚えておけ。いつかは必ず用がある。兵学をする人は勿論、政事家《せいじか》にも、これは大切な事だ」。

勝 海舟

かつ・かいしゅう● １８２３年3月12日（文政6年1月30日）—１８９９（明治32）年1月21日。幼名は麟太郎。海舟は号。江戸本所亀沢町（現東京都墨田区両国）に生まれる。幼少時より剣術、蘭学を学び、松代藩士・佐久間象山に師事して西洋兵学を修得。１８６０年、咸臨丸指揮官としてジョン万次郎、福沢諭吉らとともに渡米。帰国後は軍艦奉行に任命され、神戸に神戸海軍操練所を作り、幕臣や坂本龍馬の教育にあたる。大政奉還、官軍の東海道東進の事態には、旧知の仲だった官軍幹部・西郷隆盛と会見し、江戸無血開城をなしとげる。明治新政府の相談役、徳川家の後見人的存在として重要な地位に就く。脳溢血で死去。享年76。

冬よ／僕に来い、僕に来い

高村光太郎

「新年が冬来るのはいい。」

高村光太郎の詩「冬」の書き出しである。

極寒によって淀んだ精神が滅菌される。そして清潔な風を吸う。こんな風に詩は結ばれる。「最も低きに居て高きを見よう。／最も貧しきに居て足らざるなきを得よう。／ああしんしんと寒い空に新年は来るといふ。」

光太郎は冬が大好きだったらしい。冬の詩を、たくさん書いている。

「冬が又来て天と地とを清楚にする。」（「冬の言葉」）、「冬よ／僕に来い、僕に来い／僕は冬の力、冬は僕の餌食《えじき》だ」（「冬が来た」）、「冬だ、冬だ、何處《どこ》もかも冬だ」（「冬の詩」）。

冬は、「見栄坊な令嬢」や「甘ったるい恋人」や「陰険な奥様」など、「皆ひとちぢみにちぢみあがらして」「素手で大道を歩いて」くるのである。光太郎には冬は尊敬する友人である。思わず歓喜の声をあげてしまう。「冬よ、冬よ／踊れ、さけべ、腕を組まう」（「冬の詩」）。

光太郎は言う。「冬の季節ほど私に底知れぬ力と、光をつつんだ美しさとを感じさせるものはない」（「冬二題」）。

見渡す限り枯れ果てた風景こそ、美の中の美であり、その潔い美しさの中に活力を見、励まされる。「彼等は香水を持たない。ウヰンクしない。見かけの最低を示して当然の事としてゐる」（同）。芸術の究極境は、冬の美にある、と光太郎は、礼讃する。

一九四五（昭和二十）年四月の空襲で、東京駒込林町のアトリエが全焼した。光太郎は誘われて、岩手県花巻の宮沢賢治宅に疎開する。ところがそこも戦災に遭い、花巻郊外の大田村山口に、鉱山小屋を移築して一人で住んだ。畳三枚に囲炉裏だけの山小屋である。十二月には零下十六度という、極寒の地であった。

若い時、北海道移住を試みたほど厳しい「冬」にあこがれた光太郎にとって、いわば念願の生活であった。どうやら詩人は、この地で自分の理想とする究極の芸術を、作り上げるつもりだったらしい。

それにしても山中での、孤独な自炊生活である。光太郎の小屋はマムシの巣と言われるような林の中にあった。しょっちゅう、出くわす。マムシは家族づれで決まった場所に棲むらしく、いつも決まった場所に姿を現す。とぐろを巻いている時は危険である。そういう習性を知ると、光太郎はかまれることはない。光太郎を訪ねる村人の方が、かまれたりする。

料理は婦人雑誌を見ながら作った。野菜も自分で育てた。山菜も歩き回って採る。小屋を出れば、山菜の宝庫である。茸も図鑑で調べて、食べられると記してあれば、何でも食べた。村人も食べないような茸でも、平気で食べた。

冬は雪に閉ざされる。一メートルくらい積もる。囲炉裏の火に当たりながら、本を読む。ときどき屋根の雪下ろしをしないと、家が潰れる。特に春が近づいて雨が降った時は、水を含んで重くなるので、すぐに下ろさねばいけない。クリスマスのあとに、ていねいに行う。正月様が来るから、きれいにせねばならぬ。小屋のまわりに、雪の山ができる。光太郎は半紙にポスターカラーで、赤い丸を描く。棒の先に貼って、窓の前の雪の小山のてっぺんに刺す。即席の日の丸の旗である。

新年には国旗を立てるのが、詩人の習いである。白一面の中に、赤い日の丸。そして青空。詩人のいう、これぞ冬の美である。

高村光太郎

たかむら・こうたろう● 1883（明治16）年3月13日— 1956（昭和31）年4月2日。詩人、歌人、彫刻家。東京府下谷区（現東京都台東区）生まれ。彫刻家・高村光雲の長男。東京美術学校在学中に與謝野鉄幹の新詩社同人となり『明星』に寄稿。彫刻科を卒業後、研究科に進みロダンに傾倒。のち洋画科に再入学。ニューヨークへ留学後、ロンドンに移り、パリに渡る。帰国後、北原白秋らのパンの会に参加し『スバル』に詩を発表。また岸田劉生らとフュウザン会を結成、油絵を出品。詩集『道程』を刊行。画家の長沼智恵子と結婚。1938年、精神を病み入院していた智恵子が死亡。1941年『智恵子抄』を刊行。肺結核のため73歳で没。

Ⅱ

自分たちの
生きてきた道を
子どもに正直に
見せてやること

——手塚治虫

二〇〇八（平成二十）年は、「漫画の神さま」手塚治虫の生誕八〇年に当たり、二〇〇九（平成二十一）年は没後二〇年ということで、二年にわたって手塚関係のイベントが催され、また、雑誌やテレビで特集が組まれた。

手塚は一九四六（昭和二十一）年に漫画家デビュー。以来、常に先頭に立って漫画やアニメを改革し発展させてきた。戦後の子どもたちで、手塚の名を知らない者は、一人もいないだろう。筆者も手塚漫画の洗礼を受けた。漫画家になろうと夢みた時期がある。手塚には、読者をそんな気にさせる魔力がある。

けれども、漫画に限らない。手塚には文才もあって、小説やシナリオやエッセイを多数書いている。私は皆が漫画だけを取り上げて賞賛するのが不満である。文章も、そして彼の講演も対談も面白いし、内容が濃い。

たとえば、ページの穴埋めのような短文にも、ひと味違う才気が感じられ、読み捨てにできない（私が好んでコラムを書くのは、手塚の影響である）。「ハガキの怪談」という八百字の小説がある。

見知らぬ者から、ハガキを受け取った。たった一行、「十月二十三日死亡」とある。いたずらだろうと捨てたら、翌日、また同じ文面のハガキが、しかも三通届いた。差出人の住所と名は無い。消印を調べると、それぞれ異なる。翌日、今度は五通、次の日は八通、どれも同じ文面、名無し。これは予告だろうか。そして「十月二十三日」には、山のようなハガキが来た。

一体、何事であろうか。作者は大まじめに、こう書くのである。「××マガジン」懸賞ページ。「先月号の当欄のクイズ『彼は何月何日に死ぬか』の正解は『十月二十三日死亡』でした。尚、編集部の失態で、宛先が当社名『中村正美堂』のうち『美』と『堂』の活字が落ちており、また『住所氏名を必ず書くこと』が『必ず書かぬこと』となっており、多くのお問い合わせをいただきました。よって今回は全部無効とします」（以上、意訳）。

「彼『中村正』は運わるく中村正美堂とおなじ町内にすんでいたので、ハガキはまちがって配達されていたのである」（原文）

一九八六（昭和六十一）年三月、手塚は「第三十一回子どもを守る文化会議」で、「未来人へのメッセージ」という長い講演をしている。

自分が「いじめられっ子」であったことを話し、いじめられないために「特殊技能」を身につけた、と語った。「特殊技能」とは、漫画を描くことである。それを親が支持してくれた。また、学校の教師が応援してくれた。手塚はひたすら漫画の勉強に励む。

「これが、クラスのなかで、まあいちばんユニークな存在として、いじめっ子も一目おくようになった、というわけでして、それをお膳立てしてくれたのは母でした」

漫画は、夢やロマンを描く。本来、感性的なメディアで、理論やリアリズムに縛られては描けない。それを親が、馬鹿馬鹿しい世界だ、と決めつけ子どもから取り上げてしまう。「それはおとなの子ども文化への論理であって、いうなればおとなのファシズムです」。

現在の教育やしつけで、子どもの冒険心の育成が最も欠けている。冒険とは、未知のものへの挑戦である。多少の失敗や危険は容認すべきで、これは放任主義とは違う。失敗や危険から子どもを遠ざけるな。「おとなのファシズム」を振りかざしてはいけない。「自分たちの生きてきた道を子どもに正直に見せてやること、あとは子どもたちの判断にまかせることです」。

手塚治虫

てづか・おさむ●1928（昭和3）年11月3日―1989（平成元）年2月9日。漫画家、アニメーション作家、医学博士。大阪府豊能郡豊中町（現大阪府豊中市）生まれ。本名は治。小学生のころから漫画や紙芝居を描き始める。大阪府立北野中学（現北野高校）卒業後、医学の道を志し、大阪大学付属医学専門部に入学。在学中に、4コマ漫画『マアチャンの日記帳』で漫画家デビュー。1950年に『漫画少年』に『ジャングル大帝』を連載。上京し、漫画家生活に入る。1955年にラジオ東京で連続ドラマ『リボンの騎士』放送開始。その後も『火の鳥』『ブラック・ジャック』など多くの作品を発表し、漫画、アニメ文化を牽引する。胃癌のため60歳で永眠。

名は親から
もらうが、顔は
もらったままでは
いけぬ。

――森 鷗外

知人の娘さんの名を、舞鈴という。まりん、と読む。知人はマリン・スポーツが大好きなので、それから取った。男の子だったら、揺人と名づける予定だったという。ようと、と読ませるが、ヨットをイメージしている。

外国語を名前に応用するのが流行らしい。今に始まったことではない。昔から、ある。社会主義者の堺利彦は娘に真柄《まがら》と命名した。マーガレットである。初め茨《いばら》と書いてローズと読ませるつもりだったが、トゲがあるので女の子にふさわしくない、と夫人に反対されてやめた。

外国人の名を漢字で記し、わが子の名としたのは、明治の文豪・森鷗外である。長男を、於菟《おと》という。オットーである。長女が、小説家・エッセイストの茉莉《まり》。マリーである。次女がエッセイストの杏奴《あんぬ》、その弟が類《るい》という。子どもの時に亡くなったが、不律《ふりつ》という男児もいた。フリッツ、である。更に、男であったら名づけるつもりで用意していた半子というのがある。ハンス、である。

いずれもドイツ人の名だが、鷗外は若い時ドイツに留学している。わが子に命名したのには、それぞれ何らかの理由と思いがあるのだろう。

杏奴は父をパッパと呼び、父は娘をアンヌコと呼んだ。四十八歳の時に生まれた遅い子だったから、「パッパコアンヌコ」とかわいがられた。パッパのかわいい杏奴よ、という意味である。杏奴が十二歳の年に、父は亡くなった。愛娘から見た晩年の文豪は、どういう父親であったか。彼女の著作から、紹介する。

文豪は肉より野菜が大好きだった。何より好んだのは、饅頭をご飯にのせ茶をかけて食べることだった。饅頭茶漬である。嫌いな物はサバの味噌煮と、福神漬である。前者は下宿時代にさんざん食わされ、後者は戦地で毎日こればかりを食べていたから鼻についた。鷗外は本職は陸軍軍医総監である。日露戦争で出征した。

杏奴がほしい物をねだると、「ひと晩寝て考えなさい」と言うのが口癖だった。翌日になると、あんなにほしかった物がどうでもよくなる。しかし、本だけは好きなだけ買ってくれた。鷗外も無類の本好きで、杏奴は古本市にも連れて行ってもらった。休日には朝から古本の手入れをしている。「何でもないことが楽しいようでなくてはいけないよ」と言った。

片づけることが好きだった。杏奴が何かを紛失すると、「先ず《ま》」と言って、関係のない引き出しから探し始める。整理しつつ、探す。すると大抵、見つかるのである。

人の欠点や、ひけめを感じることに、少しでも触れることを嫌い、憎んだ。それは自分の子どもたちに対しても変わらない。妻が不用意に、子どもの容貌とか、その他の欠点を指摘し説教すると、自分がそうされたかのように怒った。鷗外には容貌コンプレックスがあったようである。名は親からもらうが、顔はもらったままではいけない、と言っていた。自分で立派な顔に作るのだ、顔は本人が作るものだ、というのである。
杏奴はジャンという犬を飼っていた。ジャンが突然、行方不明になる。杏奴は泣いて父に訴えた。父はジャンの写真を何枚も焼き増しし、あちこちに貼って探してくれた。ジャンは見つからなかったが、まもなく父は亡くなった。瀕死の体で愛犬の身を心配してくれたのだ。

森鷗外

もり・おうがい●1862年2月17日（文久2年1月19日）―1922（大正11）年7月9日。本名は林太郎。石見国（現島根県）鹿足郡津和野町で代々津和野藩の典医を務める家に生まれる。第一大学区医学校（現東京大学医学部）を卒業後軍医となる。1884年からドイツへ留学し衛生学を学ぶ。帰国後、軍医のかたわら小説『舞姫』『雁』『山椒大夫』、史伝『渋江抽斉』などを執筆。陸軍軍医総監等を経て、『高瀬舟』『阿部一族』などの代表作を発表。享年60。

同じものを
二度とかけぬから
惜しいな
――上村松園の母・仲子

誰が見ても賢くて立派な父親から、愚かな子が育つのは珍しくない。しかし、賢母にして、その子が愚なるものは、古来稀である。

江戸末期の儒学者にして考証学者の、安井息軒《そっけん》の言葉だそうである（森鷗外に、息軒とその妻を描いた『安井夫人』という小説がある）。なるほど、偉人といわれる者の伝記を読むと、まず九分ほどは、慈愛深き賢明な母のたまものと知れる。父親の影は薄い。

日本画家の上村松園《うえむらしょうえん》は、母のおなかにいる時に父を失っている。家業は葉茶屋で、姉が一人いた。二十六歳で寡婦《かふ》となった母は、自分が働けば親娘三人、何とかやってゆける、と再婚せず商売に精を出した。母の唯一の楽しみは、店が終わってから小説を読むことだった。

昔の小説本には、さし絵がついている。幼い松園は母の傍らで、さし絵を写した。絵が好きで、一日中、描いていた。絵の本がほしい、とせがむと、母は二つ返事でいくらでも買ってくれた。お前の好きなものなのだから、と言う。

松園が五、六歳の頃、親類の家に遊びに行った。近所に絵草紙店があり、ほしい絵が並んでいる。しかし、親類の人に言えない。

そこに店の者が折よく通りかかった。松園は半紙にお金の絵を描き、これを母に渡してもらってきてくれ、と頼んだ。母は、わが子が絵で手紙を書いた、と喜び、お金を届けてくれたという。今流行の、絵手紙の先駆者である。

小学校を卒業すると、京都府立画学校へ入学した。女が絵を学ぶなんて、と叔父は猛反対したが、母が背を押してくれた。その時の母の言葉。

「好きなものなら画の学校でも行っていたらよかろう」

十九歳の時、隣家のもらい火で、店が丸焼けとなった。何一つ、持ちだせなかった。母は家財の焼失はすぐにあきらめたが、松園の絵や、絵に関した物はいたく惜しがった。

「着物や家の道具は働いてお金を出せば戻るが、絵の品々は二度と手にはいらぬし、同じものを二度とかけぬから惜しいな」

松園はこう記している。

「私は母のその言葉をきいたとき、絵や参考品を失ったことを少しも惜しいと思わなかった。母のこの言葉を得たことがどれほど力づよく感じ、どれ程うれしかったことか知れなかったのである」(『青眉抄《せいびしょう》』)

松園は十六歳で初めて展覧会に出品し、一等を得た。二年後、シカゴ博覧会で二等賞になった。若くして世に出た松園は、女ということで陰湿ないじめを受けたりした。

二十九歳の時、京都の新古美術博覧会に出した「遊女亀遊《きゆう》」は大層な評判になった。横浜岩亀楼《がんきろう》の遊女亀遊を題材にした。アメリカ人を客に取らされようとした亀遊が、日本女性の意地を見せ、「露をだにいとふ大和《やまと》の女郎花《おみなえし》　降るあめりかに袖は濡らさじ」の辞世を残して自害する。

展覧中に、何者かが、亀遊の顔を鉛筆でめちゃめちゃに汚した。松園の才筆に嫉妬しての犯行らしい。事務局の者が飛んできて、みっともないから朝のうちに来て直してくれ、と言った。謝るどころか、直せと強《し》いる。松園もさすがに立腹した。そのままにしておいてくれ、と突っぱねた。事務局もあわてて陳謝した。顔の汚れは鶯の糞できれいに落ちたという。

冒頭の安井息軒の言葉は、松園が紹介している。松園の描く美人図は、どうやら母の面影らしい。

上村松園

うえむら・しょうえん●1875（明治8）年4月23日—1949（昭和24）年8月27日。日本画家。本名は津禰（つね）。京都の下京に生まれ、誕生2カ月前に父を亡くしている。母・仲子は女手一つで松園と姉、二人の娘を育て上げた。1887年、京都府画学校に入学、翌年中退して、鈴木松年に師事。さらに幸野楳嶺、ついで竹内栖鳳に学んだ。女性の目を通した「美人画」を描き、独自の境地を開いた。1948年に女性として初の文化勲章を受章。子の上村松篁、孫の上村淳之と三代続く日本画家一家となっている。「母子」「序の舞」「雪月花」「夕暮」「晩秋」など、数々の代表作を残した。74歳で逝去。

お前は
オタンチンノパレオラガス
だよ。

――夏目鏡子

いやな言葉の一つに、「悪妻」がある。「悪夫」という言葉は聞かないから、これはおそらく男尊女卑の時代に生まれたと思われる。

「悪妻」の代表が、ソクラテス（古代ギリシャの哲人）の妻である。クサンチッペといい、意地悪くて、いつも夫に文句を言っている。どうしてあんな女を妻にしたのか、と訊くと、ソクラテスは「馬術に上達する秘訣は、まず荒馬を乗りこなすことだ。妻を制御できれば、世界中の女性を従えることができる理屈さ」とすましていたという。

ある時、妻が夫をののしったあと、壺の水を夫の頭からぶっかけた。ソクラテス、平然といわく、「大雷に大雨はつきものさ」。

『戦争と平和』の作家トルストイの妻も、クサンチッペ同様にいわれた。わが国では、『坊っちゃん』『吾輩は猫である』の文豪・夏目漱石夫人が、「悪妻」と陰口をたたかれている。果たして、そうか。

夫人の名は、鏡子《きょうこ》という。漱石との結婚生活を口述し、それを長女の夫、松岡譲が筆録した『漱石の思ひ出』という本がある。漱石研究の第一級資料と評されている。

鏡子は十九歳の時、二十九歳の漱石と見合いをした。料理に鯛の塩焼きが出た。漱石はひと箸ズブリと鯛の背に突きさしたが、あわてて箸を抜いてしまった。それきり、鯛に見向きもしない。鏡子は変な人だ、とおかしかった。鯛が大きすぎるので食べきれぬと思いやめたらしい。漱石はあとで兄に、鯛は引出物（みやげ）で箸をつけるものじゃない、と叱られた。鏡子は漱石にひと目惚れされた。理由は、乱ぐい歯を手で隠さないで笑ったからである。普通は欠点を見せまいとする。鏡子には容貌コンプレックスがなかった。漱石は、ごまかす人を徹底して嫌った。

翌年、熊本で結婚式をあげた。漱石が熊本第五高等学校の教授として赴任したからである。鏡子は子どもの頃から朝寝坊であった。この癖は終生直らなかった。早く起きると、体の調子がおかしくなるのである。漱石は朝食抜きで学校に行った。弁当も持たない。亭主に飯も食わさず働かせている、といううわさが立った。「悪妻」の理由の一つである。

新婚で正月を迎えた。元日から年始客が次々と訪れる。生徒らも来る。用意したご馳走が尽きてしまった。出前を取ろうにも商店が休みである。客に失礼だと漱石が怒りだす。客が、まあまあととりなす。何しろ食い盛りの高校生が、一人で二、三人前を平らげるのだから無くなるのも無理はない。人数分を調えなかった鏡子を、「悪妻」と責められるか。食いそこなった客が陰口を放ったのだと思う。

漱石は人にものを頼まれると、よほど理不尽な事でない限り、断らなかった。お金には厳しい人だが、理に適った借金なら、心よく用立てた。門下生の作家・内田百閒《ひゃっけん》が、修善寺温泉で療養中の漱石を訪ねて、二百円の借金を申し込んだ。銀行員の初任給が四十円の時代である。漱石は妻に連絡しておくから、妻にもらえ、と言う。鏡子は何も聞かず、結局二百五十円を貸してくれたという。門下生の大半が漱石に金を借りている。返さない者もいたようだ。あるいは、その輩が夫人の悪口を言い触らしたかも知れない。金を借りた者は、引け目があるから貸主を良く言わない。「悪妻」説は借金者が発したと思う。だって、一般人には鏡子夫人がどのような人か、わかるわけがない。標記の語「お前はオタンチンノパレオラガスだよ」は新婚時代に漱石が夫人をからかった言葉である。

夏目鏡子

なつめ・きょうこ●1877（明治10）年7月21日―1963（昭和38）年4月18日。貴族院書記官長の中根重一・豁子（かつこ）夫妻の長女として広島県に生まれる。本名はキヨ。19歳で夏目漱石の妻となり、2男5女をもうける。昭和3年、長女の婿である松岡譲の筆録により、鏡子の言葉をまとめた『漱石の思ひ出』を刊行。享年85。

幸福は感謝にあり

大妻コタカ

大妻女子大学の創立者・大妻コタカの言葉である。謝恩こそ人生の意義という。コタカは、一八八四（明治十七）年、広島に生まれた。幼時に父を失い、母の手で育てられた。母の言葉を忘れない。

「手まめ、足まめ、耳まめ、目まめ、口まめだけは気をつけよ」

まめは、達者なこと。また、よく働くことでもある。口達者だけは、いけないというのである。人の反感を買ったり、足をすくわれたりするからである。

高等小学校を優等で卒業したコタカは、裁縫学校に通い、裁縫教員の資格を取った。しかし本心は数学教師になることだった。上京し、神奈川県の教員養成所試験を受ける。合格して鎌倉の小学校教員になった。

まもなく、親戚の軍人から手紙がきて、見合いの話があるから遊びに来るように、と誘われた。コタカは二十四歳である。行くと、ちょうど客が来ているから酒席の手伝いを頼む、と言われた。客は年輩の、きりっとした男らしい男である。コタカは、この人が仲人さんらしい、と思い、失礼のないよう給仕をした。

親戚の当主と客の酒は、夕方まで続いた。聞くと朝から飲んでいるという。酒飲みの嫌いなコタカは、あきれてしまった。

やがて皆で夕食を共にした。その席でコタカは酒を差された。一滴も飲めない。まねごとでよいと言われ受けたら、当主が、「これをめでたく三三九度の盃とする」と宣言した。仲人と思っていた男は、見合いの相手だったのである。あまりのことにコタカは泣き崩れた。名前も身元も知らない相手と婚約を交わしたことになってしまった。しかし決して悪い人ではない。それは直感でわかった。勤めたばかりの小学校を一学期で退職し、二人は結婚した。

夫は大妻良馬《りょうま》といい、コタカより十三歳上の軍人であった。

上田高昭著『大妻コタカ』（芦書房）によると、良馬は、名前で推察できる通り高知の人で、子どものころは勉強ぎらいだった。ある時、人と口論になり、相手に漢語まじりの言葉で罵られた。意味がわからず、その場は引き下がったが、兄に教えられて恥をかいた。学問の大切さをさとり、猛然と本を読み始めた。

日清戦争に従軍、上官の大島久直に認められた。大島はのちに陸軍大将になる。大島の推薦で退役後、宮内省に勤める。新婚生活は大島邸内の空家を借りて始めた。麴町紀尾井町である。ここでコタカは裁縫教室を開いた。近所の娘たちに教えたのである。一九〇八（明治四十一）年九月のことで、これが大妻女子大の始まりである。生徒は十五人だった。翌年に二十一人、次の年に二十六人、四年目には三十九人と増えた。一九一五（大正四）年に「大妻技芸学校」とし、裁縫だけでなく、編み物、染物、生花、茶の湯、料理、作法などを教えた。生徒は、五百六十五名になっていた。

一九二一（大正十）年、大妻高等女学校と改称、各種学校から普通学校になった。夫の良馬が校主となり、翌年、延べ七百六十余坪の校舎を新築した。そして学校経営で飯を食わない、寄付を仰がない、と挨拶した。感謝の心は良馬の信念であり、同時に夫婦の思想であった。

コタカの言葉。

「『可愛くば、五つ教えて、三つ褒《ほ》め、二つ叱って、よき子にせよ』と、古歌にありますが、今日では、二つ叱るのをやめ、『五つ教えて五つ褒め』でなければ駄目ですね」

大妻コタカ

おおつま・こたか● 1884（明治17）年6月21日―1970（昭和45）年1月3日。大妻学院創立者。広島県世羅郡三川村久恵（現在世羅町）生まれ。2歳で父、14歳で母を亡くす。17歳で小学校の代用教員となるが、向学心に燃えて上京し勉学に励む。神奈川師範学校を卒業後、鎌倉小学校の訓導となるが同年に大妻良馬と結婚し退職。自宅で子女のための私塾を開く。授業内容は、和・洋裁、手芸、茶・華道等多岐にわたり、夜間授業もあった。私立大妻技芸学校、私立大妻高等女学校を経て大妻女子専門学校と改称。終戦後公職追放となるが解除後に復職、中学から大学までの大妻学院に発展させる。85歳で永眠。従四位勲二等瑞宝章受章。

たのしみもてば
草々に／
人生植えるものハ
多かり

——吉川英治

歌人の與謝野寛・晶子夫妻の長男に嫁した小林迪子《みちこ》は、船場《せんば》の毛布問屋の娘であるが、嫁入りの心得を母にこう諭された。

「迪子、あんたはお母さんに似て口下手です。よく覚えておくこと。いくら心の中で思おてみても、言葉に出して言わなんだら、相手のひとには通じんもんです。わかりましたか」（『想い出　わが青春の與謝野晶子』三水社）

十年前、友人の末娘が結婚した。何か気のきいた言葉を書いて贈りたいが、思いつかない。参考になる名言を知らないか、と花嫁の父に頼まれ探したことがある。親としてのはなむけの言葉である。

この友人は、若い頃の文学仲間である。同じ仲間の父が糖尿病をわずらい失明した。時代小説ファンの父のために、友人は自ら吹き込んだ朗読テープを贈った。司馬遼太郎作『竜馬がゆく』である。

録音中に幼い娘が入ってきて、「お父ちゃん、私もローマに行く」とだだをこねた。その声が、そっくり録音された。テープを聞いた病人が爆笑し、以来、気持ちが前向きになった。

お嫁に行くのは、その娘さんである。

結局、私が友人に示したのは、『宮本武蔵』『新・平家物語』の作家、吉川英治が、その娘曙美《あけみ》さんに進呈した詩であった。曙美さんの結婚に当たり、色紙に書いた即興詩という。
「倖《しあわ》せ何とひと問はゞ／むすめハなにと答ふらん／珠《たま》になれとはいのらねど／あくた（芥・ゴミ）となるな町なかの／よしや三坪の庭とても／たのしみもてば草々に／人生植えるものハ多かり
昭和三六年夏　軽井沢ニて、或る雨の夜　英治」（『わたしの吉川英治――その書簡と追憶』文藝春秋）
結婚式前夜、曙美さんは両親に、型通りの挨拶をする。すばらしい親を持って、私はしあわせです。ありがとうございました、と述べたのである。
「そうか、それだけ思ってくれれば、俺はもう、思い残すことはないヨ」
父は大粒の涙をこぼしながら、こう続けた。
「お前も将来子供を持つ様になったら、そう言われる様な親になりなさい、親としてこれ以上嬉しい事はないヨ、アリガトウ、アリガトウ」（前記の書より）
挙式の年、一九六二（昭和三十七）年の九月七日、父の吉川英治は長逝した。七十歳である。
先の即興詩と同時に、曙美さんはもう一枚、「童女般若心経《どうにょはんにゃしんぎょう》」と書かれた色紙も贈られている。次のような詩が記されている。

「心といふ字ニ似た花が／わたしのうちに咲きました／のぞけば神がかゞんでる／青金色ニかゞやいて／いゝえ顔さへ上げぬのハ／露の精かもしれません／そこでそうつと／おまへハたれときいたらば／愛の蘂《しべ》だといひました」

こんな美しい詩を父からもらう娘は、どんなにしあわせだろう。友人は、どのような言葉を呈したのだろうか。

「いろいろ考えたが、思いつかない。何を言っても気恥ずかしいし。あんたに教えられた吉川英治の詩を、そのまま書いてはなむけにしたよ。人生植えるものハ多かり。いい言葉だ。娘も喜んでいた」。友人がフフ、と独り笑いした。何？　と訊いたら、先日、知人の結婚式でこの詩を紹介するスピーチがあったという。そちこちで披露されているのだろう。

吉川英治

よしかわ・えいじ●1892（明治25）年8月11日―1962（昭和37）年9月7日。小説家。神奈川県生まれ。本名は英次。父が事業に失敗し、小学校を中退。船具工、記者などさまざまな職業を経て作家活動に入る。1914年『講談倶楽部』の懸賞に入選。『剣難女難』『鳴門秘帖』で流行作家となり、1935年から連載の『宮本武蔵』で時代小説に新境地をひらく。戦後は『新・平家物語』『私本太平記』で国民文学の可能性を追求し、1960年、文化勲章受賞。『三国志』『新・平家物語』『私本太平記』など、その著作は200を超える。享年70。生前、吉川英治賞がもうけられ、没後、吉川英治文化賞・同文学賞が制定された。

負けて勝つことこそ人生改造の秘訣である

岩橋武夫

見えない、聞こえない、話せない、三重苦のヘレン・ケラーが、家庭教師サリバンの熱心な教えにより、最初に覚えた言葉が、人形と水であった。ポンプ井戸の樋《とい》からほとばしる冷水に、サリバンはヘレンの手を触れさせ、別の手に水と書いた。突然、ヘレンは忘れていたことを思い出したような感動を覚える。物には皆名前があるんだ。そうしてヘレンは、次々と言葉を学び、本を読む喜びを得た。やがて大学に入学し、二十二歳の時、自伝の一部を発表する。

この自伝を翻訳し、日本人にヘレン・ケラーの存在を知らしめたのは、岩橋武夫《いわはしたけお》である。岩橋は一九三四（昭和九）年に渡米し、ヘレンに来日を要請した。目や耳の不自由な日本人を励ましてほしい、と頼んだ。ヘレンは病床にあったサリバンに相談した。是非行ってあげて、と先生は答えた。私の教育はあなた個人でなく、全世界の人のしあわせの為よ、と言った。サリバンの、それが遺言となった。

ヘレンは一九三七（昭和十二）年春、日本を訪れた。三カ月ほど滞在、全国各地で百回に及ぶ講演をした。彼女は三度来日している。最後は一九五五（昭和三十）年六月で、ヘレンを敬愛した岩橋の墓参を兼ねていた。

岩橋は一八九八（明治三十一）年、大阪に生まれた。早稲田大学理工科の学生時代に、風邪が原因で失明した。二十歳である。学校をやめ、故郷に帰った。家計は苦しく、絶望した彼は大みそかに自殺を決行した。直前に止めたのは、母親である。この数日、様子がおかしいので、それとなく見張っていた。

母は岩橋の手を取り、泣きながら訴えた。

「なんでもよいから生きていておくれ。お前の生きていることは、私の生きていることだ」

岩橋は自著『光は闇より　盲人哲学者の入信手記』で、こう述べている。

「私の内部にはげしい価値の革命が起こった。（略）愛の生命発見である。（略）地上で一番尊く、清いものはこの愛である。（略）この絶対の愛に私は触れた。真の生命といふのはそれである。今までの生命は単なる生命の影であった」

親子は泣きながら語りあかした。気づくと、夜が明けている。どこかで誰かが柏手《かしわで》を打っている。岩橋はそれをすがすがしく聞いた。今日が元日であることを知った。

岩橋は生まれ変わった。盲学校に通い、点字を覚える。ヘレン・ケラーの存在を知った。どんなに励まされたろう。関西学院を卒業し、教師になった。留学しないか、と誘われた。三年間の費用を出そう、という奇特な博士が現れた。妻が結婚前まで助手を務めていた、人格者の教授である。岩橋は喜んで好意を受けた。妻と一緒に、イギリスに発《た》った。

途上の船内で、パトロンの博士から奇怪な手紙を受け取る。金は一切出せない、という断りの文面で、理由が意味不明である。岩橋夫婦は、目の前がまっ暗になった。今更、引き返せない。手元には餞別や多少の貯金がある。何とかなるだろう、と決意した。いろいろあって、岩橋はエディンバラ大学に入学した。猛勉強し、論文を書く。それが奨学金を得た。金額は三千円、かの博士が融通してくれるはずの額と同じである。

博士を恨まなくてよかった。岩橋はしみじみ思った。博士が出費を約束してくれなければ、留学を決意できなかった。そう考えれば博士は恩人である。標記の語「負けて勝つことこそ人生改造の秘訣である」は、その時の述懐。

岩橋武夫

いわはし・たけお●1898（明治31）年3月16日―1954（昭和29）年10月28日。社会事業家。大阪市生まれ。早稲田大学理工学部在学中に網膜剥離のため失明し中退。帰郷して関西学院大学文学部英文科に学ぶ。卒業後、盲学校の教師を経て、エディンバラ大学に留学。帰国後、関西学院大学などで教鞭を執るいっぽう、大阪盲人協会の会長に就任。講演旅行で渡米した1934年にヘレン・ケラーを訪ね来日を懇願し、1937年に実現した。その間1935年に日本初の盲人福祉施設ライトハウスを大阪に創設。その後もヘレン・ケラーとの親交を深め、福祉事業に尽力。盲人福祉に指導的役割を果たす。喘息発作のため56歳で永眠。

何もこわくない。
こわくない。
こわいと思うから
こわいんだ。

――長谷川町子

「サザエさんかるた」が復刻された。発売時のものをそっくりそのまま復原、と聞いて早速購入した。

「サザエさんかるた」には、思い出がある。

私は田舎の小学三年生で、東京で働いていた姉がお年玉に送ってくれたのである。どんなに、嬉しかったろう。一九五二（昭和二十七）年当時、かるたは、きわめてゼイタクな品で、少年雑誌の付録の薄紙のそれを切って、ありあわせの厚紙に貼り、手製のかるたで遊ぶのが普通だった。まして、人気のサザエさんかるたは、子どもたちには高嶺の花、級友で持っている者は一人もいなかった。私はしばらくは誰にも話さず、こっそりと一人で絵札と字札を眺めては悦に入っていた。

そのうち重大な事に気づいた。字札が一枚足りない。「た」が無い。絵札の「た」は、サザエさんの弟のカツオが、頭にカナヅチを受けて泣いている図である。私は東京の姉に事情を書いた。本でいえば落丁である。姉は購入先に申し入れたらしいが、いっかな、らちがあかぬ。私は仕方なく、自作の字札を作った。自作といっても大した文句でなく、絵札に合わせて、「たなから、かなづち」というのを考えたのであった。

大体、サザエさんかるたの文句は、小学生の私から見ても、いい加減なもので、「い」は、「いつもようきなサザエさん」であり、「ほ」は、「ほうきでおっかけるサザエさん」と何でもサザエさんなのである。「め」は、「メーメーこやぎ」で、作者の長谷川町子さんが投げやりに作ったとしか思えなかった。

復刻版で確かめてみた。真っ先に、「た」の字札を調べた。「焚き火の中から、焼き芋」とある。そんなはずはない。急いで絵札を探した。すると、マスオさんが棒の先に刺した焼き芋に、息を吹きつけている。焚き火の向こうに、カツオと妹のワカメが笑っている。「たなから、かなづち」では、ない。

「い」を見てみた。「今泣いたワカメがもうおねだり」である。「ほ」は、「ほおずきでてるてる坊主」である。ほおずきでこしらえた照る照る坊主を軒下に下げ、カツオとワカメが雨の戸外を見つめている。「め」は、どうか。「目隠し手探り　福笑い」だ。

これで、わかった。姉が送ってくれたかるたは、ニセモノだったのである。本もののサザエさんかるたは、一九四九（昭和二十四）年の発売時に三十数万個も売れたという。その人気に便乗して、粗悪な安物を製造して売ったずるい奴がいたのだ。

私はてっきり長谷川町子さんのオリジナルと信じて、六十年もの間、ばかばかしい字札の文句を覚えていたのである。このやるせなさ、どうしてくれる。しかし、まあ、笑い話であるけれど、姉には黙っていようと思う。今更ニセモノと明かしたところで、仕方ない。少ない小遣いを削って買う身にすれば、一番安かったであろう品を選ぶのが当然で、誰が責められよう。
あの頃、姉はサザエさんの単行本や、長谷川町子の作品集をよく送ってくれた。姉が好きというより、長谷川漫画のブームだった。『町子かぶき迷作集』という漫画があり、これは傑作の一冊である。歌舞伎狂言のパロディだが、「怪談劇作余話」という一篇がある。怪談の作者が大の怖がりで、一人で創作していると何だか恐ろしくなり、しばしば階段から転がり落ちる、という実に他愛のない物語。主人公がつぶやく言葉が標記の語「何もこわくない。こわくない。こわいと思うからこわいんだ」。小学生の私はこれが気に入っておまじないのように唱えていた。事に当たるたび唱えるのだが、よく効いた。

長谷川町子

はせがわ・まちこ●1920（大正9）年1月30日―1992（平成4）年5月27日。漫画家。佐賀県多久市生まれ。山脇高等女学校在学中から漫画家・田河水泡（「のらくろ」作者）に師事。20歳で『少女倶楽部』にて連載を開始し、戦争で中断。戦後1946年から福岡の「夕刊フクニチ」紙で漫画『サザエさん』を発表、「やまと新聞　新夕刊」を経て「朝日新聞」に連載、中断期もあるが1974年まで続いた。1969年に始まったテレビアニメは現在も放映中。1962年、文藝春秋漫画賞を受賞。他の作品に『エプロンおばさん』『いじわるばあさん』など。生涯独身を貫き、心不全のため逝去。享年72。

細道を歩む時は、
端によけていれば、
人は
突き飛ばさない。

――野口英世の母・シカ

木々高太郎《きぎたかたろう》、といっても、昨今は耳遠いかも知れない。推理小説で初めて直木賞（第四回）を受賞した作家である。受賞作は、長編『人生の阿呆』といい、文業は、朝日新聞社刊行の全集六巻にまとめられている。松本清張、柴田錬三郎を発掘し、世に出した人でもある。

推理小説の方ではなじみが薄い、というなら、この人にはもう一つの顔がある。「条件反射学」で有名なソヴエトのパヴロフのもとで、その研究に従事した。大脳生理学者として、世界的に著名である。本名を、林髞《はやしたかし》という。作家としての筆名は、本名を分解した。

山梨の、代々の医家に生まれ、髞で七代目である。慶應義塾大学医学部に学んだ。慶應義塾の創立者、福沢諭吉の言葉を、座右の銘とした。それは、「大幸《だいこう》は無幸に似たり」というのである。

大きな幸福ばかりに取り巻かれていると、幸福が無いのと同じである。いつも不平を言って暮らすみじめな人間になる。

髞は幼い頃に聞いた母の言葉を思いだしたのである。母はこう言った。

「不幸がきたら安心しなさい。不幸のあとに幸福が来るのだから」

明けない夜はない、という。作家、吉川英治の母堂の口癖だった。国民栄誉賞に決まった作曲家の遠藤実の座右の銘は、「春の来ない冬はない」で、同じような意味である。

もう一つ、躾が忘れられない母の教訓がある。それは、こうである。

「人があやしてくれる時には笑いなさい。笑わないでいると、人はやがてあやしてくれなくなる」

実は、今、いろんな人の語る「母の言葉」を集めている。生き方の指針となった一言、勇気づけられた言葉、思い出の名言、大切な文句、等々、「日本の母の名言集」を編んでみたいと、収集につとめている。

『はるかなる山河に　東大戦歿学生の手記』を読んでいたら、学徒出陣した伊瀬輝男という人が、母の手紙のことを書いている。入営後生まれて初めて母から手紙をもらった、というのである。

「母が字を書くのを見たこともない、その母が余に手紙を書いて呉《く》れたのだ。紙の切端《きれはし》にたどくしく書かれた母の字、我を思ひしあまり書きたるものなり。有難し。たどくしく子供の如く天真爛漫なる文字、あゝ我が母の字なりけり」

手紙には、「父母のことは心配せず、任務につとめよ、金ぴら様は船神だから信仰せよ」とあった。

「この有難き母の愛、雄々しき愛・母上、不孝の子、こゝに誓って母上のお教を守ります」。

伊瀬さんは一九四五（昭和二十）年一月七日、飛行中に連絡を絶った。

「たど〳〵しく子供の如く天真爛漫なる文字」といえば、野口英世の母シカの有名な手紙がある。「おまイの。しせ（出世）にわ。みなたまげました（驚いた）。わたくしもよろこんでをりまする」とほとんど平仮名だけの文章である。息子に帰国をうながす内容で、「はやくきてくたされ」と繰り返しつづっている。

シカは六歳から他家に子守りに出された。寺子屋の外から立ち聞きして、文字を覚えた。灰を入れた盆をノートがわりに、平仮名をつづった。のちにシカは猛勉強して、助産師の免許を取得した。英世はそんな母の姿を見て発奮し、ついにノーベル賞候補の細菌学者になったのである。シカが英世に教えた言葉。

「細道を歩む時は、端によけていれば、人は突き飛ばさない」

野口英世

のぐち・ひでよ● 1876（明治9）年11月9日―1928（昭和3）年5月21日。医学博士、理学博士、細菌学者。福島県耶麻郡翁島村（現猪苗代町）生まれ。父佐代助、母シカの長男。清作と名づけられる。幼時左手に火傷を負ったが、苦難にめげず、医師資格を取得。22歳で英世と改名。1900年、渡米しペンシルベニア大学病理学助手となる。デンマークへ留学後、米ロックフェラー医学研究所の一等助手から正員となる。1911年、梅毒スピロヘータの純粋培養に成功。1918年、南米エクアドルで黄熱病病原体を発見したと発表。1928年、アフリカ出張中、現地で黄熱病にかかって死去した。享年51。

草を褥《しとね》に
木の根を枕
花と恋して
五十年

牧野富太郎

川や池の堤に桜並木のあるのは当たり前の風景だが、もともとは堤の強度を高めるために桜を植えたのだという。花見の客が、往き来する。たくさんの人に踏み固められて、頑丈な土手が仕上がり、容易に決壊しなくなる。なるほど、柳や松では、人は集まらない。

知人の家にお邪魔したら、日本画の軸が飾られてあった。田舎の実家を整理した際に、出てきた軸という。桜の図であった。玉枝女史《ぎょくし》、と署名がある。

「桜の画家で知られた人らしいが、ご存じか?」と訊かれたが、私は初耳である。知人もそれ以上を知らぬというので、調べてあげることにした。すぐに、判明した。

日本人の設立した私立女学校としては、わが国最初といわれる跡見学園の開校が一八七五(明治八)年、創立者は跡見花蹊《かけい》で、花蹊のいとこが玉枝、一八五八(安政五)年に東京に生まれた。花蹊から絵の手ほどきを受けた。のちに国学者で画家の宮崎玉緒に師事、玉緒は桜戸と号し、桜を描いて有名であった。玉枝は岡倉天心に認められて正倉院御物の模写に携わり、また跡見女学校の教師を勤めながら、桜の写生を続けた。明治天皇銀婚記念に、桜百種図を献上、神田に画塾「精華会」を開いた。一九〇四(明治三十七)年、シカゴ博覧会に参加のため渡米、サンフランシスコよりセントルイス行きに乗った汽車が正面衝突したがケガをせず、無事到着。玉枝はアメリカで二度命拾いをしている。もう一度は、下宿のガスもれに気づかず、マッチをすろうとした。マッチが見つからず、階下に借りに降りたため、事なきを得た。

命には関わらないが、一人で町を散歩していてホテルに帰れなくなった。英語が話せない。ホテルの名も覚えていない。公園に牛がつないであった。必ず持ちぬしが戻るだろう、と待っていた。地面にホテルの正面図を描いて牧人に示したら、親切に案内してくれたという。特技で助かった。

日本各地の桜を写生して回った、というから、植物分類学者の牧野富太郎の著作に登場するかも知れない、と思い、そちらを調べた。

牧野は玉枝より四歳下で高知県の生まれ、小学校には二年通ったのみ、書物で植物学を学んだ。

本格的に勉強したく上京し、現在の東京大学植物学教室に出入りを乞うた（むろん、いろんな人に頼んだのである）。さいわいに許された。独力で『日本植物志図』を完成出版するのが、牧野の夢であった。その第一巻を出したら、牧野を認めて何かと援助してくれていた主任教授が、自分も同じような本を刊行する計画だから、以後、標本や書物を見ることを禁ず、と閉めだした。そんなむちゃな、と抗議したが、だめだった。この教授が大学をやめたあと、牧野は助手に雇われる。月俸十五円である。結婚していたが、とうてい食えない。借金生活である。何度も差し押さえを受けた。牧野が学校から戻ると、家の門に赤い布が出ている。借金取りが来ている、とのすえこ夫人の合図である。牧野はそっと引き返す。

夫人は夫を信じ、一言も愚痴をこぼさず耐えた。牧野標本館や植物園を造るのが夢だったが、果たせず病死した。重態の時に、牧野は仙台で新種の笹を発見、せめて感謝の印に、「スエコザサ」と命名した。「家守りし妻の恵みやわが学び」と墓石に刻んだ。

また、自分の生涯を詠んだのが、タイトルの一首「草を褥に木の根を枕　花と恋して五十年」である。

牧野の親友に桜博士と称された三好学がいる。三好は玉枝の桜図を、わが国伝統の桜絵描法の第一人者、と推称している。

牧野富太郎

まきの・とみたろう●１８６２年5月22日（文久2年4月24日）—１９５７（昭和32）年1月18日。植物学者。土佐国佐川村（現高知県高岡郡佐川町）生まれ。小学校を2年で中退し、寺子屋や私塾で学びながら植物の採集、写生などをして過ごす。22歳で2度目の上京し、東京大学理学部植物学教室へ出入りする。25歳で、市川延次郎、染谷徳五郎と『植物学雑誌』を創刊。１８９３年に、東京帝国大学理科大学助手となる。65歳で理学博士の学位を取得。『新撰日本植物図説』『大日本植物志』『牧野日本植物図鑑』『牧野植物随筆』など多数の著書を残す。94歳で永眠。命名した植物は２５００種、残した標本は約50万点を数える。

おくればへのまうりや、
きうりの如し。
あわれむ人少なし

——坂本龍馬

二〇一〇（平成二十二）年のNHK大河ドラマは「龍馬伝」というタイトルで、岩崎彌太郎から見た坂本龍馬を描くらしい。龍馬は亀山社中（改名して土佐海援隊）なる、船を使っての貿易商社を興した。岩崎はご存じのちの三菱財閥の創業者である。つまり、経済人としての坂本龍馬がモチーフらしい。

明治以降、龍馬はいろいろな形で描かれてきた。戦前は勤王の志士の一人、戦時中は海軍の生みの親の一人、戦後は司馬遼太郎『竜馬がゆく』に代表される「人間」龍馬である。NHKが実業家の面をクローズ・アップしようというのも、「リーマン・ショック」で、企業や経済を改めて真剣に見直し始めた現代らしいではないか。

坂本龍馬の晩年の活動は、今日の私たちにどのような教訓、あるいは示唆を与えてくれるのだろうか。

龍馬が三十三歳で暗殺される五カ月前、姉の乙女《おとめ》にあてた手紙が残されている。全文二百六十七行という、恐ろしく長い書簡である。もっとも龍馬の手紙は、当時の人にしては、かなり長い。有名な伏見の寺田屋で百人余の幕吏に囲まれながら、ピストルを放って、九死に一生を得たてんまつを兄に報じた手紙も、短編小説のようだし、傷の養生に、鹿児島の塩浸《しおしたし》温泉に出かけた、お龍《りょう》との「新婚旅行」の報告も（これは乙女に書いた）、手紙というより、絵入りの紀行文学である。長いだけでなく、文章表現が独特である。

さて、二百六十七行の姉への手紙だが、こう書き出されている。

「今日もいそがしき故、薩州やしきへ参りかけ、朝六ツ時頃より此ふみした丶めました」。おや？　と思われたであろう。そう、「です」調の文体である。これは珍しい。しかし「です」調は、この冒頭と中ほどの二行のみ、あとは候文である。

「お丶せこされ候《そうらう》文《ふみ》ニ、私を以て利をむさぼり、天下国家の事お（を）わすれ候との御見付のよふ存ぜられ候」

乙女が龍馬に、お前は近頃、金もうけばかりに走り、天下国家の事を忘れているのでないか、と手紙で意見をしたらしい。その返事である。

「ありがたき御心付ニ候得ども、およバずながら天下ニ心ざしお（を）のべ候為《そうらうため》とて、御国よりハ一銭一文のたすけお（を）うけず、諸生の五十人もやしない候得バ、一人ニ付一年どふしても六十両位ハいり申候ものゆへ、利を求メ申候」

海援隊の若い者を養うには金がかかる。一人に一年六十両は必要。土佐藩からは一銭も援助がないため、稼がなくてはならない。単なる金もうけではない。天下に志を述べる為です。龍馬は汗だくで弁解している。海援隊の活動は、当時、一般人には理解不能で、怪しいものに見られていたのだろう。

乙女は婚家先と折り合わず、家出してお前の元に行きたい、と訴えたらしい。「右ハ私が論がありますト」と龍馬はあわてて止めた。「今出てこられてハ実ニ龍馬の名と云ものハ、もはや諸国の人々しらぬものもなし。そのあねがふじゆうおして出て来たと云てハ、天下の人にたいしてもはづかしく」。

ここでも「天下」である。

手紙の末尾に、こうある。「七月頃はたけにはへた、おくればへのまうりや、きうりの如し。あわれむ人少なし、かしこ」。

時期遅れに生えた真桑瓜《まくわうり》や胡瓜《きゅうり》と同じで、間が抜けている。同情する者は少ない。

偉そうなことを言う弟に、乙女は苦笑したろう。

坂本龍馬

さかもと・りょうま● 1836年1月3日（天保6年11月15日）― 1867年12月10日（慶応3年11月15日）。江戸時代末期の志士。土佐郷士に生まれ、1861年、武市瑞山が結成した土佐勤王党に参加するが、翌年脱藩、江戸に出て志士として活動。勝海舟の門下生となり、神戸海軍操練所建設に尽力。池田屋の変、禁門の変が起こり、操練所は閉鎖。貿易会社と政治組織を兼ねた亀山社中（後の海援隊）を結成。薩長同盟の斡旋、大政奉還の成立など、明治維新に影響を与えた。大政奉還成立の1カ月後に、同じ土佐藩出身の志士・中岡慎太郎とともに京都の近江屋で暗殺された。1891年4月8日、正四位を追贈される。

千の平凡で
一生を貫け

竹内てるよ

美智子皇后は毎年、紅葉山《もみじやま》御養蚕所で蚕《かいこ》を育てられている。二〇一二年の三月、喜寿を記念して、この伝統の「ご親蚕」展が開かれた。展覧会図録に、皇后が孫の眞子《まこ》さまにあてられた手紙が収録された。眞子さまが小学三年生の時である。養蚕を手伝ってくれた眞子さまに感謝し、いつかお見せしたい本がある、と述べられている。女の人の自伝で、祖母と共に養蚕に励む少女時代が描かれているという。

何という本か、明かされていない。しかし、皇后の書棚には、養蚕の本も並んでいるらしい。蚕の始まりを教える民話『おしらさま』の本は、「眞子ちゃんは、もう読んだかしら」と尋ねられている。

本の好きな皇后は、意外な作家のものを読まれている。二〇〇二（平成十四）年、スイスで開催された国際児童図書評議会創立五十周年記念大会に際し、皇后は英語でスピーチをされた。その中で、育児の頃に読んで忘れられない詩がある、とその一節を紹介された。「生れて何も知らぬ吾子《あこ》の頬に／母よ　絶望の涙をおとすな／その頬は赤く小さく　今はただ一つの巴旦杏《はたんきょう》にすぎなくとも／いつ人類のための戦ひに燃えないと云ふことがあらう」という詩である。

皇后は作者の名を明かさなかったが、これは竹内てるよという詩人の、「頬」と題する作品である。詩の末節は、こうである。「ただ自らのよわさと　いくぢなさのために／生れて何もしらぬ吾子の頬に／母よ　絶望の涙をおとすな」。

竹内てるよは、一九〇四（明治三十七）年に札幌に生まれた。父は判事のひとり息子で、母は十九歳の芸者であった。生まれるとすぐに母から引き離され、祖父母に育てられた。母は絶望して入水自殺した。

十三歳の時に一家は上京し、てるよは私立・日本高等女学校に通う。祖父が病床に臥し、働かざるを得なくなり、学校を中退すると、婦人記者になった。

二十歳で結婚する。男の子が誕生した。まもなく、脊椎《せきつい》カリエスに冒され、寝たきりになる。家事ができないため、離縁された。子どもは父親に引き取られることに決まった。母と同じ人生を、てるよも歩むことになる。

絶望したてるよは、赤ん坊と心中しようとする。子どもの首に赤いひもを回そうとした時、ひもの端が目の前で揺れるのを見た子が、無心に笑った。てるよの両眼から涙が溢れ、男の子の赤い頬にしたたり落ちた。その時の状況を詠みあげたのが、「頬」という詩である。

「わかれの朝」という作品もある。

「この次生れて来るときには／どうか　お前と私とが／わかれなくつてすむように」

最後の朝、坊や、母さんの涙はどこ？　と聞くと、ここ、とてるよの頬を小さな指で示したというのである。坊やの涙はどこ？　と聞くと、ここ、と自分の頬をさした。許してよ坊や、母さんは不治と決まって出されるけど、命の限り生きて生きのびるつもりだ。「いつの日か　再び／現世の中で逢へる日がないとどうしてきめられよう」。

戦後、母子は再会する。小説のような運命で、成人した息子は罪を犯し名古屋の刑務所で服役していた。刑期を務め、山梨で水入らずの生活を営むも、たった三カ月、むすこは病を得て世を去る。

「けふは　お前の誕生日である／風は　大空に荒れてゐるが／日光は　こんなにも深い」

そして息子に贈った言葉が「一の非凡でなくともよい」、続いて標記の語「千の平凡で一生を貫け」である。

竹内てるよ

たけうち・てるよ●1904（明治37）年12月21日―2001（平成13年）2月4日。詩人。札幌北七条生まれ。一家で東京に出て女学校に入るが中退し、商事会社の事務員となる。仕事の傍ら創作にはげみ、16歳で『婦人公論』に短編が入選、雑誌記者となる。20歳で父親の借金相手と結婚、出産。24歳で腰椎カリエスに罹り離縁され子を手放す。闘病生活の中で『詩神』『銅鑼』『学校』等に作品を発表。1929年、共同生活者の神谷暢とともに啓文社（のちの渓文社）を創設。1931年4月、高村光太郎の題字による詩集『叛く』を発行。ほか多数の詩集、随筆を刊行。自伝『海のオルゴール』はテレビドラマ化された。96歳で新潟市の自宅にて老衰死。

おくサン。
なぜわたくしに
おこるか?・

——エルウィン・フォン・ベルツ

旅館の女中さんが、アカギレで悩んでいた。女中さんの悩みは、当時の日本女性たちの冬の嘆きであったろう。給湯設備のない明治時代の水仕事は、文字通り「身を切られた」。宿泊客の異人さんが、特効薬をこしらえてくれた。皮膚の荒れ止めである。処方者の名をとって、「ベルツ水《すい》」という。

一八七六（明治九）年に政府の招きで来日したドイツの教授ベルツは、東京医学校（のちの東京帝国大学医学部）内科教師となる。いわゆる「お雇い外国人」の一人である。ベルツは明治天皇や皇太子の侍医を務めるかたわら、風土病（肺ジストマ、つつが虫病、脚気《かっけ》）の治療や、日本人の身体的特徴の研究（蒙古斑と呼ばれる小児斑を発見）で成果をあげた。温泉療養地としての草津、避暑地としての葉山を、推奨したことでも知られる。

侍医でありながら、一般の人も診療した。貧しい者からは、お金を取らなかった。山本周五郎の小説に出てくる「赤ひげ先生」のモデルである。

十五歳下の日本女性と結婚した。上野山下で唐物商（外国製品を売る）を営む人の娘で、名を花という。

二人は上野池の端に、新婚家庭を持った。不忍池《しのばず》には雁がおり、亀が池から這いだして、東大の土手に卵を産みつけていたという。

一八八九（明治二十二）年、長男が誕生、日本名を徳之助、ドイツ名をトクと命名（このトクが後年、父の日記を編纂して公刊した。『ベルツの日記』である)。

一八九二(明治二十五)年、ベルツは妻子を置いてドイツに里帰りした。この間、花にローマ字でつづった手紙を送っている。

標記の言葉「おくサン。なぜわたくしにおこるか?」は、手紙の一節である。夫人を「おくサン」、または「花サン」と呼んでいる。自分のことは、「パパ」である。

手紙は、こんな風に続けられている。

「なぜ手紙をよこさない人と言うか、それはまことにかわいそうではないか、わたくしはたいて(い)三週間目一度手紙を書いたではないか? 西洋へ行った日本の亭主はき(っ)と家内にそ(ん)なにたびたび書かないでしょう、あなたが書いた状袋なくて、スクリバあるいは平井さんの名で手紙出したけれどもそれは悪いことないと思った」

つまり、こういうことだろう。ベルツが日本を発つ時、花は自分あての名と住所を記した郵便封筒を何十枚か、夫に渡したのである。夫の手間を少しでも省く心遣いであったろう。

ベルツが花に手紙を書いた時、たまたまその封筒が手元に無かった。大学で同僚のドイツ人スクリバと、のちの京大名誉教授の平井毓太郎《いくたろう》に宛てた手紙に同封したのに違いない。花に届けてほしいと二人に頼んだのだろう。花はそのことが耐えがたかった。他見をはばかる内容でなくとも、夫の通信は直接自分に届けられなくてはならなかった。「自分あての手紙」を、なぜ寄こさないか、と苦情を申し立てたのだろう。明治の女性の、意外に強い「愛」の表明を、ここに見る。

ベルツ夫人の詳しい履歴は、一九七二（昭和四十七）年に鹿島卯女《うめ》著『ベルツ花』が出版されるまで、知られていなかった。手紙もこの本で初めて公開された。夫妻は一九〇五（明治三十八）年にドイツに渡り、ベルツは一九一三（大正二）年、六十四歳で他界した。明治天皇の思い出を口述筆記させた翌朝に、息を引き取った。花は一九二二（大正十一）年に帰国し、一九三七（昭和十二）年、夫の勤務していた東大病院で、夫の門下生に見守られながら七十四歳の生涯を終えた。浅草観音を信仰し、気丈夫で品格ある江戸っ子夫人であったという。

エルウィン・フォン・ベルツ

Erwin von Bälz ●1849年1月13日—1913年8月31日。プロイセンのビーティヒ・ハイムで生まれる。1866年にテュービンゲン大学医学部に入学後、ライプツィヒ大学医学部に転学。軍医となる。1876年、お雇い外国人として東京医学校（現東京大学医学部）の教師となる。1881年、荒井ハナコと結婚。凍瘡治療薬を変方して「ベルツ水」を考案、誰もが手軽に作れる方法で普及をはかった。1902年、東京大学を退官し、宮内省侍医となる。1905年、旭日大綬章を受章。夫人とともにドイツへ帰国し熱帯医学会会長、人類学会東洋部長などを務める。ドイツ帝国のシュトゥットガルトにて動脈瘤のため死去。享年64。

そしてお母様を
お手本になさい。

――勝たみ

日本人は縁起をかつぐ。たとえば、正月などめでたい最中は、「シ」という音を嫌う。死に通じるからである。「シ」のつく言葉を口に出さないようにする。

「芝で生まれて神田で育った江戸っ子と言いますが、その芝をどういう風に言ったら人に通じるか、苦労しますよ」

勝海舟の夫人たみが、十九歳の少女クララ・ホイットニーに笑いながら語った。その翌々日、クララの母アンナが、階段から誤って、まっさかさまに転落した。さいわい、命に別状はなかった。しかし、打身がひどく、寝ついてしまった。手を尽くしたが、一向によくならない。ヘボン式ローマ字で知られるアメリカ人医師のヘボンが、蛭《ひる》に悪血《おけつ》を吸わせる療法を教えてくれた。クララは、ふるえあがってしまった。二十匹ほど蛭を買ってきたが(一八七九〔明治十二〕年の東京では、こういう物も売っていたのである)、とても自分の手で母の肌に吸いつかせる勇気がない。

クララは親友のお逸《いつ》に相談した。お逸は勝海舟の三女で、クララと同い年である。誕生日が二十七日しか違わない。お逸の方が、早い。蛭なら、うちの母がしょっちゅう父に施している。母に頼んであげる。

たみが来た。早速、気味悪い治療をしてくれた。まるで子どものようにアンナをあやしながら、てきぱきと進めた。そして血のついた両手を拭いながら、「何か血なまぐさいことが必要なら、いつでもお呼びなさい」と冗談を言った。

クララは一八七五（明治八）年に両親と兄と妹と共に来日した。父が商法講習所の所長に招かれたのだが、招いた側に行き違いがあって、一家は異国で露頭に迷ってしまった。彼らを救ってくれたのが、勝海舟である。物心両面に渡って面倒をみてくれた。

中でも海舟夫人が、よくしてくれた。たみは炭屋の娘だが、貧乏な海舟に嫁いで、わがままな夫に仕え、家計を切り盛りした。四人の子を産み（一人は夭逝）、更に海舟が愛人に産ませた男児を、実子として引き取って育てた。この子が梅太郎で、のちにクララと結婚する。

たみは、クララに生花を教えた。年老いてから楽しめるものだから、覚えておいて損はない。世に無用の物はありませんよ。あなたがアメリカに帰って美しい花を見た時、そうそう、東京の勝さんに花の活け方を教えられたっけ、あの頃の思い出に活けてみましょう。きっとそう思いますよ、と言った。

たみはクララにいろんな昔話をしてくれた。一八五五（安政二）年の江戸大地震のこと。海舟は長崎遊学中で、たみは老母と三人の幼な子を抱え、近くの竹藪に逃げた。地震には竹林が安全と聞いていたからである。地鳴りが絶えず、余震が続いた。たみは津波も体験している。幕末の戦争も。官軍が海舟を目の敵にし、大砲を門前に据えると、抜刀して座敷に駆け込んできて、「海舟はどこだ。出てこい」とどなった。

クララの母は、助からなかった。たみが弔問に来た。こう述べた（一又民子《いちまたたみこ》訳『クララの明治日記』より）。

「あなたは悲しみに負けてはいけません。あなたの涙でお母様を生き返らすことは出来ません。お母様はもう何の苦痛もなく、今は幸せです。さあ元気を出して、お兄様や妹さんのためにお生きなさい。（略）悲しい時は私達のところへいらっしゃい、一緒に泣きましょう、そしてあなたが仕合せな時は一緒に笑いましょう。さあ勇気をお出しなさい」。そして標記の語「そしてお母様をお手本になさい」に続く。

勝たみ

かつ・たみ ●1821年3月16日（文政4年2月13日）—1905（明治38）年5月23日。勝海舟の妻。別名はきち。元町の炭屋・砥目茂兵衛の娘で深川の人気芸者だった。25歳のときに寄合旗本岡野孫一郎の養女として、23歳の勝海舟（麟太郎）と結婚。二男二女をもうけた。結婚当初は貧しい暮らしをしていたが、海舟は安政の改革で才能を見いだされ、長崎海軍伝習所に入所。以後、妾を囲うようになる。自宅にも同居させるほどであったが、正妻のたみは自分の子と妾たちの子も一緒に、9人を分け隔てなく育てた。妾たちからは「おたみさま」と慕われたという。海舟は1899年に脳溢血で倒れ死去。たみは、その6年後の1905年に死去。享年85。

人柄を見抜くには
穿《は》き物の脱ぎ方を
見るのが一番だよ。

――高村光雲

「六十七十は洟《はな》たれ小僧」と言ったのは、文化勲章受章の彫刻家・平櫛田中《ひらくしでんちゅう》である。「働き盛りは八十九十、百を迎えてこれからこれから」

百十歳だか百二十だったかまで彫る分の材料を買いだめた、というエピソードがある。亡くなったのは、百七歳だった。田中の師匠が、高村光雲、詩人・高村光太郎の父である。光雲は田中よりちょうど二十歳上の、一八五二（嘉永五）年の生まれ。世を去ったのが一九三四（昭和九）年で、八十二歳だった。この時代の人としては、長命といってよいだろう。

東京の下谷に誕生、手先が器用なので、十二歳で蔵前の仏師・高村東雲《とううん》に弟子入りした。仏像を彫る職人である。住み込みで奉公した。

修業の最初は「割り物」といい、平《たいら》な板に、麻の葉や七宝《しっぽう》、雷紋などという種々の紋様を彫る。師匠から合格をもらうと、次に大黒天を彫る。福徳円満な表情に彫るのが、むずかしいという。

売り物の大黒様はヒノキの木に彫る。ただのヒノキではない。お江戸日本橋の「のぼる三枚目」の橋板を用いる。京都に向かって室町側から渡った日本橋の三枚目の板を差すそうである。橋を修理する際に、仏師たちは先を争ってこの古板を入手したらしい。縁起をかついだのだろう。むろん、稽古用は傷ものの板を用いる。

大黒の次はエビス様、三番目に不動明王と進む。不動を彫るまでに、四、五年かかる。ひと通り仏像の稽古がすむと（この種類たるや気が遠くなる）、次に仏具一式・台座、壇、厨子《ずし》、後光などを学ぶ。台座にも、蓮座、岩座、雲座、七重《ななえ》座、九重《このえ》座、多羅葉《たらよう》座、須彌《しゅみ》座など数多くあって、覚えるだけで大変である。塗りや箔や彩色も勉強しなければならぬ。年季は十年、一年の礼奉公を含め、十一年が修業期間である。盆と正月以外、家に帰れぬ。

ある日、両親の生活が心配になり、無断で帰宅した。父親が激怒した。いったん奉公した以上は、どういう事があろうと、年季が明けるまで家の敷居をまたぐな。お前を奉公に出す前、そう命じたはずだ。おれは家の事情で身につく職を覚えず、中途半ぱな人間になってしまったが、お前にはそうさせたくない、という親の心がわからないのか。お前のような半ちくな奴を家に置いたとあっては、おれが世間に顔向けできぬ。今日限り親子の縁を切るから、勝手にしろ。泣いて不心得を詫びると、ようやく父の怒りが和《やわ》らいだ。前よりも一層、修業に励んだ。

いたずらに鼠を彫った。よく彫れた、といささか得意で、店の飾り窓の隅にひそかに置いた。外出から戻ると、師匠や兄弟子たちがソバを食べている。口々に、ごちそうさま、と礼を言う。意味がわからず、まごついていると、飾り窓の鼠が売れたという。子年《ねどし》の高僧の目に止まり、お守りにすると喜んだ。師匠は代金を光雲に渡さず、光雲の奢《おご》りとして兄弟子に饗《きょう》したのである。兄弟子たちの反感を買わせまいとの、機転であった。

この頃、猫（？）も彫った。台所の刺身が食べたくて、盗み食いした。そこにあった大根で猫の足の判こを作った。灰をなすって床に点々と押した。女中さんが足跡から、近所の猫と判断した。ある日、やってきたその猫を叱りつけている。ああ、悪いことをした、と光雲は心の中で謝った。以来、猫のために鰹の刺身だけは還暦まで一切口にしなかった。

高村光雲の代表作は、上野公園の西郷隆盛像と、皇居前広場の楠正成像である。

標記の語「人柄を見抜くには穿《は》き物の脱ぎ方を見るのが一番だよ」は、一九二九（昭和四）年に刊行された『光雲懐古談』による。脱ぎ散らす者は大成せぬ。「満足に揃へる程の子供なら物になるよ」。

高村光雲

たかむら・こううん●1852年3月8日（嘉永5年2月18日）—1934（昭和9）年10月10日。仏師、彫刻家。江戸下谷（現東京都台東区）に生まれる。1863年から仏師の高村東雲の弟子となる。後に東雲の姉エツの養子となり高村姓となる。1874年に東雲に認められ光雲を名乗る。習得した木彫技術に西洋美術の技法をとりいれ、木彫技術の伝統を近代につなげる重要な役割を果たす。1889年に東京美術学校に勤務、彫刻科教授、帝室技芸員を経て名誉教授となる。1893年のシカゴ万博に出品した「老猿」は国の重要文化財に指定、1900年のパリ万博出品作「山霊訶護」は宮内庁に献納された。高村光太郎、高村豊周は息子。享年82。

自分自身が
光明なのであって、
それで充分である。

——新渡戸稲造

一八七六（明治九）年、札幌農学校が開校、翌年、新渡戸稲造、内村鑑三が入学した。「少年よ大志を抱け」で有名なクラーク博士は、彼らが入学する一カ月前に、学校を去っていた。

新渡戸は故郷盛岡の母に、東京を出立する前、手紙を送った。「北国もいとわず開く稲の花」「国益を思えば軽ろし我が命」と句（？）を添えた。

稲造は幼名を稲之助といった。祖父と父が心血を注いだ三本木開拓が成功し、初めて稲が実った年に生まれたので、かく名付けられた。稲造が六歳の時に父が死んだ。母のせきは七人の子を女手ひとつで育てた。祖父が稲之助を、正しく導けば国家に役立つ人間になるが、間違えると恐ろしい悪党になると見た。

「おまへ事八月八日に出生（事実は三日）九つのとし八月四日上京し（叔父の養子になったのである。東京で英語を学んだ）又此度《またこのたび》八月北国江行《へいき》四ケ年も居候て（農学校は四年制）又々八月頃にても此地に参るものならば、われらはとし寄《より》、こしもちぢみ、かみは白く相成可申《あいなるべくもうす》と存　八重八千代《やえやちよ》八千代八千代のさかりをば　老の頭に雪ぞつもらん」

先の稲造書簡への、母の返事である。せきは子どもたちに、当時忌まれた牛肉を食べさせた。偏見を物ともせぬ姿勢は、稲造に大きな影響を与えた。

せきは稲造が卒業の前年、病いを得て、息子が十年ぶりに帰郷する二日前に亡くなった。

稲造は母の祭壇の前で卒倒した。

一八八四（明治十七）年、渡米し、三年後、農政学研究のため、ドイツに留学した。ボンに滞在中、「ミルク園」という牧場兼公園があり、稲造は好んでそこに散歩に行った。木陰でコーヒーを飲みながら、家族のくつろぐさまを眺めている。以下、稲造著『帰雁《きがん》の蘆《あし》』から。

ある日、尼さんが四十人ほどの孤児を連れてきた。子どもたちは、父母と遊ぶ同年配の子を、うらやましそうに見ている。当日は、母せきの命日であった。稲造は思い立って牛乳屋に話をした。あの子たちに、ミルクを一杯ずつ飲ませてくれ、勘定は私が持つ、ただし尼さんには内緒にしてほしい。

牛乳屋は老婦人である。早速、尼さんに告げた。尼さんは喜んでいただくと返事した。子どもたちが飲み終わると、どなたに礼を述べたらよいか、と老婦人に訊く。稲造は黙っていよ、と目顔で知らせた。尼さんが子どもらに命じた。「ご馳走のぬしが不明だから、讃美歌を歌ってお礼にかえましょう」。

この話には続きがある。孤児らが帰ったあと、稲造が代金を払おうとすると、請求額が半分である。婦人いわく、私も日頃牛乳を進呈したいと思っているが、これが私の渡世の道でできない。せめて今日は実費だけいただき、残りは私の志としたい。

母へのいい供養ができた、と稲造は喜んだ。冒頭の言葉「自分自身が光明なのであって、それで充分である」は、『思い出』から。「自分の光に照らして行えば、他人が何と言おうと何をしても構わないのだ」と続く（松隈俊子『新渡戸稲造』）。

新渡戸稲造

にとべ・いなぞう● 1862年9月1日（文久2年8月8日）—1933（昭和8）年10月15日。農学者、農政家、法学者、教育家。岩手県盛岡市生まれ。1883年東京大学に入るが、「太平洋の橋とならん」と私費で渡米。ジョンズ・ホプキンス大学入学。札幌農学校助教となりドイツに留学、3年間ボン、ベルリン、ハレ各大学で農政学を研究。メアリ・エルキントンと結婚し、1890年帰国。1918年、東京女子大学初代学長、東京女子経済専門学校長として女子教育に尽くす。日米関係和解のため、1932年に渡米。翌年太平洋会議に出席後カナダのヴィクトリアで病死。享年71。英文で書かれた主著『武士道』は数カ国語に訳され、広く世界に日本を紹介した。

III

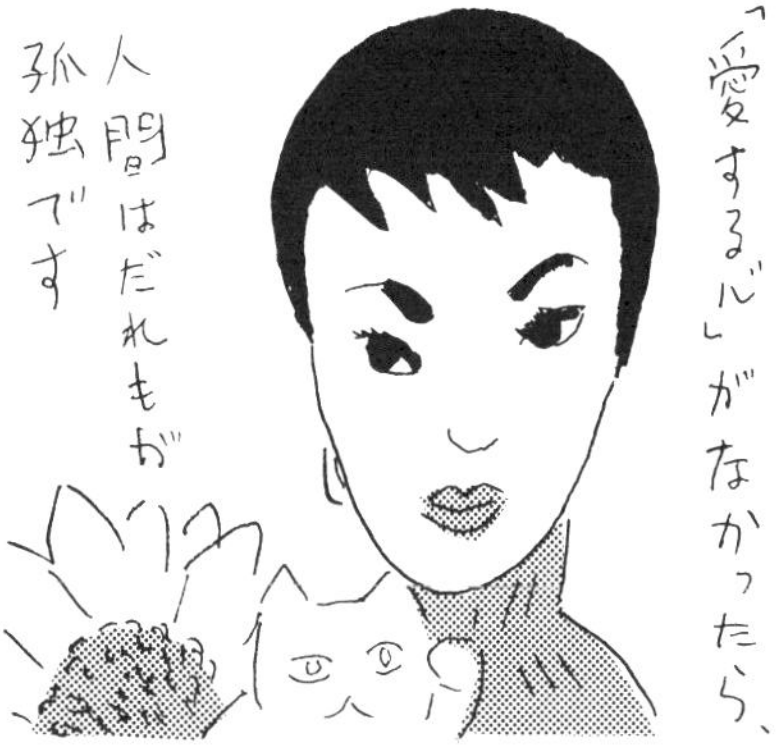
もし　この世に
「愛する心」がなかったら、
人間はだれもが
孤独です

「こんにちさま」に申しわけなくって

沢村貞子

沢村貞子、といっても、お若いかたには通じないだろうか。俳優の長門裕之《ながとひろゆき》、津川雅彦きょうだいの叔母に当たる女優、と説明した方が親切だろうか。古い映画でよく見る顔である。

「生涯一脇役」と自ら称したように主役でなく、ほんの少しだけ登場する。早口の、キビキビしたしゃべり方をする。そのため、いかにも東京下町の女、という役柄が多い。

それも道理、浅草生まれなのである。『私の浅草』他、何冊かの著書がある。エッセイストとしても知られ、ファンが多い。

実は筆者もその一人で、しかし、『私の浅草』は、これはエッセイというより、上質の短編として愛読している。大正時代の浅草の生活を回顧した短文集だが、一篇一篇が、なつかしい下町人情物語なのである。

「猫年の女房」という話がある。十五か十六歳でふた親を失ったおすがさんは、二人の弟の世話にあけくれて婚期をはずした。今年二十八になる。結婚はしない、と言う。

ところが、まじめな大工さんに見そめられた。彼はおすがさんより五つ下である。しかし、おすがさんは若く見えるので、せいぜい自分より二つか三つ上だと思っている。結婚を申し込まれたおすがさんは、つい、一つ上だけど私でいいの？　と答えてしまった。

おすがさんは沢村さんの母上に、どうか実の年齢を告げないでほしい、と頼む。大工さんを引きあわせたのは、母上だった。

そんなこと隠しても区役所の届けで顕《あらわ》れる、と言うと、戸籍は作らぬ、と泣く。子どもができたらかわいそうだ、と説得すると、子どもは産まぬ、と強情である。

十日ほどして大工さんが母上を訪ねてくる。おかげさまで一緒になることに決まった、婚姻届けだけは式の前にきちんとするつもり、と言いだしたので、母上は泡を食う。大工さんがいたずらっぽく首をすくめる。年がいくつ離れていようと、そんなこと関係ない。しっかり者の姉さん女房が好きなんです。子年だの申《さる》だのとオタオタ言うから、いっそ猫年の女房でいいじゃないか、と話しあいました。

山本周五郎の小説に似た味わいがある。

私は沢村さんの言葉遣いが好きなのだ。この話だと、「オタオタ言う」の「オタオタ」である。表情やしぐさが目に見えるような言葉遣いが、何とも心地よいのである。最近、周囲で耳にしない言い方だと思いませんか。

『私の浅草』には、つい先だってまで生きていて、いつの間にか消えた「いい言葉」が随処に出てくる。

「生きてるからには働かなけりゃ、冥利《みょうり》がわるくてねえ」

「そう……〈こんにちさま〉に申しわけなくって」

こんにちさま、はお天道《てんとう》さまのことである。お天道さまも、死語になった。太陽のことである。太陽と言っては、何だか、ありがたみが薄い。やはり、お天道さまと言いたい。下町では、おてんとさま、と発音した。

たとえば昼中から酒を飲んで怠けていると、お天道さまに申しわけねえぞ、とどなられた。一九七〇（昭和四十五）年代の東京下町では、普通に用いられていた。おてんとさまに顔向けできない、などと使うのである。さすがに、こんにちさま、はもう聞かなくなっていた。

『私の浅草』には、残しておきたい言葉がいくつもあるが、やはり時代だろうか、「世間さまのおつきあいだよ」「おそまつさまでした」……何でも、さまさま、なのである。

沢村貞子

さわむら・さだこ● １９０８（明治41）年11月11日―１９９６（平成８）年８月16日。女優。エッセイスト。東京市浅草区猿若町生まれ。府立第一高等女学校（現東京都立白鷗高等学校）卒業後、日本女子大学師範家政学部在学中に新築地劇団に入る。１９３４年、日活太秦現代劇部に入社。溝口健二、小津安二郎、内田吐夢などの名監督に次々と起用され、生涯で１００本以上の映画に出演、名脇役として活躍した。映画「赤線地帯」（溝口健二監督）で毎日映画コンクール女優助演賞、１９９７年日本アカデミー賞会長特別賞を受賞。また多くの随筆を書き、自伝的随筆『私の浅草』は日本エッセイスト・クラブ賞を受賞。心不全のため死去。享年87。

もしこの世の中に
「愛する心」が
なかったら、人間は
だれもが孤独です。

——中原淳一

中原淳一を紹介しよう、と筆をとったのであるが、ふと、この名を知る人はどれだけいるだろう？　考えてしまったのである。

画家なのだが、絵を目にしたかたは少ないのではないか。近頃は個展が開かれることもめったにない。デザイナーであり、手工芸家であり、人形作家であり、本の装幀《そうてい》家なのだが、いずれの分野においてもその作品を見る機会が限られている。

中原淳一は時代の申し子だったのだ、と改めて思う。

戦前から少女雑誌のさし絵で人気を集めていた人だが、本領を発揮したのは、戦争が終わってまもなく、『それいゆ』や『ひまわり』という雑誌を創刊し、独自の編集を展開した時である。前者は季刊の婦人誌で、後者は月刊の少女雑誌。『それいゆ』はフランス語でヒマワリのこと。社名も「ヒマワリ社」、ひまわりは中原淳一の思想のシンボルである。

戦争で家庭や学校や職場をなくした娘たちを元気づけ、日々の生活に張りを持たせたい。そんな思いから、中原は自分の才能をあらゆる形でフルに活用した。

まず、女性のファッション。戦時下では、派手な服装は「非国民」扱いされ、皆、黒系統のモンぺかズボンを着けさせられた。戦争が終わると中原はズボンの裾を広げさせた。そして上着は、古い着物をリフォームして用いる。何より清潔であることが美しさなのだ、と主張した。

リフォームは服に限らない。室内の装飾や身の回りの品々に及んだ。新しく購入するのでなく、そこにある物を、ちょっとした工夫で改造して再び用いる。実用的リフォームでなく、夢のある更生。これが中原流だった。

中原は次々とスタイルブックを刊行する。眼が大きくて瓜ざね顔、八頭身の美人画は、手塚治虫の『リボンの騎士』他、少女マンガに影響を与えた。

本当の美しさは、外見のおしゃれでなく、内面の教養だ、と中原は教えた。従って、雑誌の執筆者には当時のそうそうたる文化人を揃えた。少女誌、婦人誌とは思えない顔ぶれで、たとえば、映画監督の黒澤明が自作の「わが青春に悔いなし」のヒロインを論じ、川端康成が小説を連載、他に杉村春子、山本安英《やすえ》、三島由紀夫、葦原英了《あしわらえいりょう》、中村歌右衛門らが執筆している。

中原はまたシャンソンの作詞をしており、こんな詩も書いている。

「もしこの世の中に、風にゆれる『花』がなかったら、人の心はもっともっと、荒《すさ》んでいたかもしれない（略）もしこの世の中に『詩』がなかったら、人は美しい言葉も知らないまゝで死んでゆく」

「もしこの世の中に」というフレーズで、他に「色」「信じる」「思いやり」「小鳥」「音楽」がつづられる。標記の語「もしこの世の中に『愛する心』がなかったら、人間はだれもが孤独です」は、しめくくりの一行である。
中原淳一は香川県に生まれた。今年の二月で生誕百年である。十三歳で上京し、私立の日本美術学校に学んだ。十七歳で上野広小路の高級洋装店の専属デザイナーとなる。この店の女主人の孫が、ジャズピアニストで歌手のホキ徳田（アメリカの作家、ヘンリー・ミラーと結婚）である。十九歳、創作人形の個展を開き注目された。同年、『少女の友』のさし絵画家としてデビュー、人気を得た。二十七歳、宝塚の男役トップスター、葦原邦子と結婚した。亡くなったのは一九八三（昭和五十八）年四月、七十歳、告別式でペギー葉山が献歌した。

中原淳一

なかはら・じゅんいち●1913年（大正2年）2月16日—1983年（昭和58年）4月19日。香川県大川郡白鳥町（現東かがわ市）生まれ。日本美術学校で西洋画を学ぶ。19歳の時、フランス人形の個展を銀座松屋で開催。雑誌『少女の友』専属画家となり人気を博す。終戦後は、女性により賢く美しくなってほしいとの理想に燃え、雑誌『それいゆ』（1946年）、『ひまわり』（1947年）、『ジュニアそれいゆ』（1954年）、『女の部屋』（1970年）を続々と創刊。編集長兼イラストレーター、ファッションデザイナー、スタイリスト、インテリアデザイナーなど多彩な才能を発揮。病に倒れ、長い療養生活の後、70歳で逝去。

なりふりも
親そっくりの
子猫哉

小林一茶

「江戸の猫あはたゞしさよ角田川《すみだがわ》」「鼻先に飯粒つけて猫の恋」「さし足やぬき足や猫も忍ぶ恋」

「痩せ蛙まけるな一茶《いっさ》是に有」の俳人・小林一茶は、二〇一三年に生誕二百五十年を迎える。

生き物が好きだった一茶は、特に猫に目が無かったようで、猫の句をたくさん詠んでいる（三百句以上ある）。

「のら猫が仏のひざを枕哉」「寝て起て大欠《おおあくび》して猫の恋」「恥入《いっ》てひらたくなるやどろぼ猫」

ユーモラスな句は、猫の姿をまのあたりに見るようである。俗語や方言を自在に用いて詠むのが、一茶の特徴であった。「さし足」「ぬき足」「ひらたくなる」「どろぼ猫」などが、それである。

一茶は読んだ古典の抜き書きノートと、自分用の国語辞典を傍らに置き、句を作っていた。自分でこしらえた辞典である。耳に挟んだ面白い言い回しや、本で読んだ特殊な表現や言葉などを、いろは順に分類して書きつけていた。これは若い時分から六十五歳で亡くなるまで、休みなく続けていた。一茶はメモ魔であった。

十五歳で江戸に奉公に出されたが、仕事の暇をみては猛烈に勉強したらしい。この奉公時代の十年間は、どこで何をしていたか、まだ究明されていない。

小林一茶の存在が一般に知られるようになったのは、大正の初めであって、全集が刊行されたのは、たかだか三十数年前なのである。いまだに、あちこちから新しい資料が発掘されている。つまり、一茶の研究は始まったばかりで、全集といっても完璧ではないのだ。贋《にせ》物の色紙や書簡が横行し、つい先頃まで本物と紹介されていた物もある（一句しか記されていない色紙は、大体が贋物と言われる）。

一茶の辞典を開いてみると、こんな具合である。

「いけすかねい（不好事《すきでない》）イケは助言也」「いちやつく」「犬も歩けば棒に当る」「歯に衣きせぬ　正直に云《いう》」「鼻ビシビシト（万葉集五）」「ぱつぱ　小児云《こどものいう》、タバコ」「くちい　満腹也」

「け」の部に、「けたい」の語があり、「悪　大坂　ケタイナ奴」と説明されている。現代で言う、「けったい」「けったいな奴」だろう。

「尻」に「おいど」とルビが振られ、「エド」とある。江戸では、そのように発音、という意味である。

「あたじけない　エド　吝キ事《しわ》」とある。

「ぎよつとする」という語もメモされている。江戸時代に、すでに使われていたのだ。

「梟《ふくろう》よのほほん所かとしの暮」

これは一茶の句だが、「のほほん」（平気ですましている）の語もあるか、と「一茶編纂の辞書」を繰ってみたが（全集の七巻に収められている）、無かった。梟の句では、こんなのもある。「梟がのりつけおほんかな」。

梟の鳴き声が、早く洗濯して糊《のり》をつけろ、と聞こえる、というのだが、「おほん」は咳の擬声語だろうか。これも「一茶辞典」には出ていない。

標記の句「なりふりも親そっくりの子猫哉」の「なりふり」は、服装とそぶりのことで、これは古い日本語である。「一茶辞典」には、載っていない。「なかつたつけ」「なしもしねへものを」「なけれともかし」などと並んだ中に、「脳《ナヤム》」がある。説明に「万事苦労せよ、世話やけといふ事」とある。そして、「ナゲキハ長息《ナガイキ》」「なげくなげきを　万葉集四」とメモされている。

小林一茶

こばやし・いっさ●1763年6月15日（宝暦13年5月5日）—1828年1月5日（文政10年11月19日）。江戸時代を代表する俳人。本名は小林弥太郎。長野県北部の北国街道柏原宿（現信濃町）の農家に生まれる。15歳で江戸に奉公に出され、20歳過ぎより俳句の道をめざし葛飾派三世の溝口素丸、二六庵小林竹阿、今日庵森田元夢らに師事。い橋・菊明・亜堂と名乗ったのち一茶の俳号を用いた。関西・四国・九州の俳句修業の旅を経て、句集『たびしうゐ』『さらば笠』を出版。その後、北信濃で俳句指導や出版活動をしながら、句日記『七番日記』『八番日記』『文政句帖』、句文集『おらが春』などを著す。65歳で亡くなるまで2万句におよぶ俳句を残した。

好きで始めた事は
とことん
やりぬくこと。

——前畑秀子

「前畑！　前畑がんばれ！　がんばれー　がんばれー　ゲネンゲルも出てきました……」

　一九三六（昭和十一）年、第十一回ベルリンオリンピックで、二十二歳の前畑秀子が、二百メートル平泳ぎで見事、優勝をとげた。わが国女子の金メダル第一号である。その実況放送をした河西三省《かさいみつみ》アナウンサーの、「前畑がんばれ」の連呼が語り草になった。ゴール寸前の実況では、がんばれが十回、前畑勝ったが七回、勝ったが十一回、ほとんどこの言葉を繰り返すのみ、「前畑優勝、前畑日章旗を掲げました。前畑さん、ありがとう！　ありがとう！……」で終わる。この時間、日本では深夜だったが、大抵の人がラジオに耳を傾けていた。前畑の実家でも近所中が集まって聞いていた。ところがゴール寸前にラジオの調子が悪くなり、結果がわからなかった。しばらくして号砲が轟いた。前畑が優勝したら、和歌山の第六十八連隊が、五発の祝砲を放つことになっていた。これで橋本町（現在は橋本市）の人たちは、歓声を上げ、提灯行列を繰りだした。

　前畑秀子は一九一四（大正三）年に当地で生まれた。家業は豆腐屋さんである。五人きょうだいの二番目、たった一人の女の子だが体が弱く、母がお大師さまに願を掛け、男の子のように頭を刈って五歳まで育てた。「五つ坊さん」は水泳が大好きで、紀ノ川で男児のように泳いだ。小学五年で五十の、六年で百メートルの日本新記録を作った。

第十回ロスアンゼルス五輪で、二百メートル平泳ぎに出場、タッチの差で二位だった。

前畑はベルリン大会から帰ると、医師の兵藤正彦と結婚、家庭の人となった。以後の秀子の人生は、あまり知られていない。

夫はスキーや登山が大好きで、秀子のよき理解者であった。何しろ、「世界の前畑」だから、結婚式も新婚旅行も記者やカメラに追いかけられる。夫はいやがらず、むしろ秀子の気持を労ってくれた。

ところが新婚生活もたった五カ月、夫に召集令状が来る。軍医として前線に送られる。秀子は狸の飼育（狸の毛皮が高く売れた）をして、生活費を作る。夫は一九四一（昭和十六）年に、無事帰ってきた。つかのまの、しあわせだった。すぐに、再度の召集がかかり、満州に送られた。帰還したのは、一九四三（昭和十八）年である。

そこに、三度目の令状が――出かかった。ふつう召集は二度しかできないことになっていた。それが兵藤の場合、どういうわけか三度目が発令される手続きがなされていた。これを連隊の上層部が知り、司令部に申し立て、召集を徴用に切り換えさせた。夫は清水港の司令部勤務になった。

戦争が終わって夫は、岐阜に小さな医院を開業する。二人の乳幼児を育てながら、秀子は夫の仕事を手伝う。働き者の夫は朝の五時から患者を診、夜も遅くまで往診にまわる。農家相手なので、早朝深夜の仕事になる。過労がたたり、夫は五十歳で急死する。

秀子は高校の医務室に勤務する。水泳コーチを兼ねての仕事である。五十歳をすぎて、名古屋の瑞穂《みずほ》市民プールで、ママさん相手の水泳教室を開く。好評なので、次に幼児教室を、続いて小学三年から中三までの子ども教室、そして、シルバーや上級者向けのスイミングクラブを次々と開いた。秀子はわが国水泳教室の創設者である。子どもたちには、まず次の三つを教える。学校の勉強はきちんと行う。両親に孝行。もう一つは標記の語「好きで始めた事はとことんやりぬくこと」である。

前畑秀子

まえはた・ひでこ●1914（大正3）年5月20日―1995（平成7）年2月24日。和歌山県伊都郡橋本町（現橋本市）生まれ。小学生の時に学童水泳の日本新記録を更新。名古屋の椙山女学校（現椙山女学園）の水泳部に誘われて編入。1932年ロスアンゼルス・オリンピックの200m平泳ぎで僅差の銀メダル、1936年ベルリン・オリンピック同種目では日本人女子初の金メダルを獲得。1937年に医師の兵藤正彦と結婚。引退後は母校で後進の育成に努め、名古屋市で日本初のママさん水泳教室を開く。1981年にオリンピック・オーダー銀章を受章、1990年に日本女子スポーツ界初の文化功労者に選ばれた。急性腎不全のため80歳で死去。

よしと心附き候わば、
直ちに致すべきこと。

――川路聖謨

びろうな話題で切りだす失礼を、お許しいただきたい。黒澤明監督の「七人の侍」を見た小学生が、こんな詩を書いた。「さむらいは、ウンコをしません。おしっこもしません。四人死んで、三人残りました」。確かに、そんな内容の映画なのである。

映画だからトイレに行かないのは当然だが、では、オナラはどうか。実際に侍はどのように処理していたのか。むろん、失礼だから人前では放たない。誰もいないところで、こっそり落としていたろう。

ところが、オナラで有名になってしまった人が、いる。隠していたのに、誰もが知る武士になった。奈良奉行の、川路聖謨《かわじとしあきら》である。あるまいことか、奈良の人たちから「オナラ奉行」のあだ名を奉られてしまった。

一種の体質だろう。やたら、出る。ある晩、寝床で調子に乗って、音楽のように奏した。ところが、止まらなくなった。どころか、ますます勢いづいて、大きくなる。下着を汚した。川路は、あわててトイレに駆け込んだ。何事か、と家来が血相変えて騒いだ、というから、うわさにならぬわけがない。

奈良の人たちに、健康のためニラを大いに食べるべし、と奨励した。川路自身が好物だったからだが、この辺にも、やたら出る原因がありそうだ。

名奉行、として親しまれた。貧しい者を救済するため私費を以て基金を設けた。植樹を勧め、植林に精を出した。奈良では鹿を殺すと死刑である。暴れ鹿を押さえようとした者が、誤って死なせてしまった。川路は、こう審理した。秋に鹿の角を切る。これは人を傷つけないためだが、すでに鹿を傷つけているわけで、これが許されるなら、過失で死を問うことはできない。よって寺の訴えを却下した。

川路は、バクチを厳重に取り締まり、与力や同心への付け届けを禁じた。裁判を迅速に進め、拷問を廃止した。「五泣百笑奉行《ごきゅうひゃくしょう》」と言われた。五泣とは、賄賂《わいろ》が入らなくなった与力と同心、訴訟で宿泊する客がめっきり減ってしまった公事宿《くじやど》、バクチ打ちとバクチ好きの僧が泣いている、という意味。百笑は百姓《ひゃくせい》、農民でなく市民を指す。一般人は大喜びをしているというわけだ。二つも愛称を贈られた、ということは、川路の人気を証明している。

幕末、アメリカのペリー艦隊に続き、ロシア使節プチャーチンが来航し、通商と、千島列島の国境の画定《かくてい》を求めてきた。応対したのが川路である。長崎での会談は決着せず、舞台は伊豆の下田に移された。

一八五四(安政元)年十一月四日、川路が朝食をとっている最中、大地震がきた。表に出ると、津波と叫ぶ声がした。川路は部下に書類を持たせ、急いで裏山に登った。

下田の町は土煙に包まれた。火事かと思うほどである。津波と共に町なかに無数の船が押し寄せてきた。ロシア使節の船も大破し、やがて沈没した。日本側は帰国船の建造に助力した。

日露交渉は当然、わが国に有利な締結を見た。川路は成功の理由に、幕府の威光と援助、同僚の活躍、それに津波を挙げている。

大層な筆まめで、多くの日記を残した。夫人と交換日記もしている。また、自分を戒めた『自誡《じかい》録』を執筆、標記の語「よしと心附き候わば、直ちに致すべきこと」の他に、「人の悪をあげ申す間敷《まじき》事」「驕《おご》るなかれ」「身をつつしめ」「色欲に注意」「人が読めないような字を書くな」などがあり、更に、「戯れに放屁《ほうひ》など、いたすべからざる事」。

川路聖謨

かわじ・としあきら●1801年6月6日（享和元年4月25日）—1868年4月7日（明治元年3月15日）。幕末の幕府官僚。豊後日田（現大分県日田市）に生まれる。4歳の年に一家で江戸に出る。12歳で川路家の養子となる。1817年17歳で勘定所の筆算吟味に、翌年支配勘定出役と昇進を重ね、1852年に勘定奉行となる。翌年に露使応接掛となり、長崎に来航したロシア使節プチャーチンとの交渉を担当、下田で日露和親条約に調印。1858年には老中堀田正睦に随従して上洛、日米修好通商条約調印の承認を朝廷に求めたが失敗。西ノ丸留守居に左遷され、隠居・差控の処分を受ける。明治元年江戸開城の折、切腹後に短銃で喉を撃ち自殺。享年66。

「ごめんね」っていふと／
「ごめんね」っていふ

――金子みすゞ

東日本大震災後、毎日、何度となく「こだまでしょうか、いいえ、誰でも」というフレーズの、「公共広告」がテレビから流れた。

私たちは一人残らず、「金子みすゞ」という、美しい名の詩人を記憶したはずである。それまで一部の文学愛好者しか知らない女性詩人だった。

無理もない。つい、四十数年前までは、無名といってよい存在だった。発掘し、研究し、全作品をまとめて公刊し、世に知らしめたのは、矢崎節夫《やざきせつお》という奇特なかたなのである。

大学一年生の矢崎は、電車の中で岩波文庫の『日本童謡集』を読んでいた。「大漁」という詩に、激しい衝撃を受けた。イワシの大漁で浜は祭のようなにぎわいだが、海の中では何万のイワシのお葬《とむら》いをするだろう、という短い詩である。一九二四（大正十三）年の作品、作者が金子みすゞだった。

矢崎はみすゞの他の作品も読んでみたい、と探した。しかし、詩集は出ていない。どういう人かも、よくわからない。矢崎は古書店をまわり、図書館に通い、古い童謡雑誌をあさった。みすゞの出身地の山口県下関市に当たり、みすゞを知る人をたどっていくうちに、ついにみすゞの実弟を突きとめる。弟は生まれてすぐに養子にやられたため、姓が異なっていて、それで容易にわからなかったのである。

実弟は姉から送られた三冊の自筆の詩集を、大事に保存していた。三冊とも、日記の「束《つか》見本」に、みすゞがていねいにペンで記したものである。新刊書店に日記の版元が見本に配ったもので、装幀とページ数がホンモノ同様で、本文は印刷されていない。みすゞが「束見本」を入手できたわけは、自宅が本屋だったからである。新刊店の娘であった。

みすゞはペンネームで、本名をテルという。

高等女学校を優秀な成績で卒業すると、家業の店番をしながら、童謡を創作、詩人でフランス文学者の西條八十《やそ》に認められた。デビュー作は「お魚」で、いたずら一つしないのに、こうして私に食べられる、ほんとに魚はかわいそう、という内容の詩である。金子みすゞという詩人の特徴が、全部詰まっている。海と魚と空と小動物が、みすゞの詩の対象であった。彼女の彼女たるゆえんは、独特の言い回しにある。冒頭の「こだまでしょうか」という問いかけもそうだが、こんなフレーズもある。「みな知つてるとおもつてた、だけどもそれはうそでした」(「海とかもめ」)、「誰もみたものないけれど、誰がうそだといひませう」(「見えないもの」)、「私は不思議でたまらない、誰にきいても笑つてて、あたりまへだ、といふことが」(「不思議」)、「誰がほんとをいふでせう、わたしのことをわたしに(「誰がほんとを」)、そして有名な「みんなちがって、みんないい」(「私と小鳥と鈴と」)等々。

三冊目の自筆詩集の最後に、あとがき風の「巻末手記」がある。この中の一節、「ああ、つひに、登り得ずして帰り来し、山のすがたは雲に消ゆ」の「山」は、みすゞにとって何であったのだろうか。

みすゞは結婚して娘を産む。夫は本を読むことや書くことを嫌って禁ずる。離婚に至る。夫は娘を渡せと迫った。みすゞは娘と一緒に歌いながら入浴し、その夜、薬をのんで命を絶った。二十六歳だった。四十年後、みすゞは矢崎の手によって詩人として蘇る。標記の一節「『ごめんね』っていふと／『ごめんね』っていふ」は、「こだまでせうか」から。

金子みすゞ

かねこ・みすず●1903（明治36）年4月11日—1930（昭和5）年3月10日。童謡詩人。本名テル。山口県大津郡仙崎村（現長門市仙崎）生まれ。郡立大津高女卒。20歳の頃から童謡を書き始め、雑誌『童話』『婦人倶楽部』『金の星』に投稿。『童話』の選者であった西條八十に「若き童謡詩人の中の巨星」と評される。23歳で結婚、夫に創作を禁じられ、3冊の作品集を清書し絶筆。離婚後娘の養育でもめ服毒自殺。享年26。作品は矢崎節夫の尽力で1984年に『金子みすゞ全集』全3巻として出版された。

長い道中でした。
その間に
孫が五人
生まれました。

――金栗四三

日本がオリンピックに初めて参加したのは、一九一二（明治四十五）年の第五回ストックホルム大会である。参加選手はたった二名で、陸上短距離の東大生、三島弥彦と、マラソンの東京高等師範学校二年の金栗四三《かなぐりしぞう》である。

金栗は前年、羽田運動場で行われたオリンピック代表選手選考大会で、二時間三十二分四十五秒の世界記録を作った。これはそれまでのタイムを、二十七分もちぢめた大記録である。

しかも何と、金栗は生まれて初めてマラソンに挑戦した選手だった。短距離走の選手だったが、一向に芽が出ない。マラソンに出てみたらどうか、と仲間に言われ、転向した。マラソンという言葉を初めて聞いたくらいだから、どんな風に練習したものか、わからない。スパイクなど無く、足袋《たび》はだしで走る時代だった。

長距離走の経験を持つ先輩に教えを乞うと、汗をかくと疲れるから、本番前に汗を出しきってしまえ、何枚もシャツを重ね着して練習すればいい、三日も走ると汗が抜けて楽になる、と説明してくれた。金栗は、なるほどと納得し、外套《がいとう》を着込んで走った。

当時、この方法は「脂肪抜き訓練法」と呼ばれ、「駅伝」の命名者、武田千代三郎の提唱した理論であった。武田はストップウォッチを用いてレコードを記録することにより上達をはかった人で、優勝は脚力でない、頭脳だ、と言った。金栗は武田理論を実践したわけだが、何しろ又聞きなものだから、危なっかしい練習ぶりであった。汗をかかぬためには、水分をとらぬのが早道、とのどの渇きに耐えて毎日十キロ余を走った。一週間続け、ついに我慢できず、そっと砂糖水を飲んだ。すると、大いに活力が出た。水を飲んではいけないのでなく、節度を守って飲め、ということだった。武田の言う、頭脳を使え、である。

さて、代表選手選考大会を迎えた。金栗は十一時半にパン半斤と鶏卵二個で、腹をこしらえた。十一月十九日、天候は曇、風が冷たい。コースは新設の運動場を一周して、海沿いの道を東神奈川まで行き、折り返す。

正午、スタート、選手は十三名である。金栗は六番で運動場を出た。三、四十分たつと、雨が降りだし、寒気がきつくなった。汗が全く出ない。水も飲みたくない。面白いくらい足が出る。前を走る人の背が見えてきた。難なく追いついた。相手も気づいて、競争となる。やがて、追い抜いた。この時の嬉しさは格別だった。自信がつき、スピードを上げた。折り返し点で二人を抜いた。三位である。

足が重くなった。足袋を脱ぎ捨てた。軽快に走れた。二位の者を抜いた。先頭が見える。その後ろ姿を目標に、歯を食いしばって走った。ついに並んで、五分ほど走った。ゴールの一キロ手前で、失礼します、と声をかけて抜き去った。

レース後、風呂に入ったら腰が抜けた。

オリンピックでは、暑さのため途中で倒れた。沿道の人が自宅で介抱してくれたが、一時、行方不明と騒がれた。一九六七（昭和四十二）年、七十五歳の金栗はストックホルムに招かれ、思い出のスタジアムを二十メートル走ってテープを切った。

「日本の金栗。ただいまゴールイン。タイム、五十四年八カ月と六日五時間三十二分……これをもって第五回大会を閉会します」とアナウンスが流れた。金栗が記者にコメントしたのが標記の言葉「長い道中でした。その間に孫が五人生まれました」である。

金栗四三は、「日本マラソンの父」と呼ばれている。

金栗四三

かなぐり・しぞう●1891（明治24）年8月20日―1983（昭和58）年11月13日。熊本県玉名郡春富村（現和水町）生まれ。吉地尋常小学校修了後、玉名北高等小学校へ進学し往復12㎞の道のりを走って通学する。1910年年、東京高等師範学校（現筑波大学）に入学、2年生のときに陸上を始める。1911年、五輪予選会で当時の世界記録を更新。翌年、短距離の三島弥彦とともに日本人で初めてオリンピック（ストックホルム）に出場する。途中棄権することになった敗因を分析して高地トレーニングを導入、箱根駅伝の企画、女子マラソンの奨励など日本マラソン界の発展に寄与した。日本における「マラソンの父」と称される。92歳で永眠。

私の祖母は、
人に先がけて
席を取ろうとしたら、
きつくたしなめるような
人だった。

——北林谷栄

「キクとイサム」という古い映画がある。

田舎のおばあちゃんが、混血児の姉弟を引き取って育てる物語である。筆者は十五歳の時にこの映画を見たのだが、おばあちゃん役の北林谷栄の演技が真に迫っていて、この女優の実年齢と錯覚した。長いこと、彼女は相当のお年寄り、と思い込んでいた。

ある時、何という映画だったか、品のいい、モダンな金持ちのマダム役で登場し、それは見た目に三十代の姿だったから、大いに驚いた。

大体、この女優は老女の（それも貧乏な）役柄ばかり演じている。何も知らぬ者が実物も老齢と信じて不思議はない。北林谷栄は二〇一〇（平成二十二）年四月二十七日に亡くなられた。あと一カ月足らずで、白寿（九十九歳）だった、と新聞に出た。若い人たちは長命に目をみはったようだが、スクリーンで彼女になじんだ私のような者は、こんなにも若かったのか、という思いである。だって「キクとイサム」が封切られたのが一九五九（昭和三十四）年、彼女は八十に近い老女に扮している。役の彼女が生きていたとすれば、百三十歳になるわけだから。

それはともかく、久しぶりに「キクとイサム」を観賞した。そして思ったことは、これからの日本は老人社会になるわけだが、北林の演じるようなおばあちゃんは、どこを探しても見当たらないだろう。かつては身近にいたお世話焼きで、一本、筋の通った生き方を貫く老女だが、もはや、映画にしかいない。

私たちは老人の生き方を、生身の人間でなく、映画の登場人物のそれで学ぶしかない。たぶん、北林谷栄は老人に囲まれて貧しく育った人に違いない。実際の老人から、身のこなしや物の考え方などを、つぶさに観察し演技の財産にしたのだろう。ご本人の話を聞きたい。『蓮以子《れいこ》八〇歳』という著書がある。タイトルから自叙伝だろう、と見当をつけて探した。

首尾よく入手したが、エッセイ集である。しかし、両親や幼少女時代、芝居のことなど、自分の過去をかなり詳しくつづっている。

貧しいどころか、裕福な家のお嬢さまであった。生家は銀座の、資生堂や千疋屋《せんびき》の並びの洋酒問屋。父はアメリカの商大を出ている。蓮以子が本名である。虎の門女学館在学中に結婚した母は、蓮以子を産んで程なく死去、彼女は祖母に育てられた。祖母を語ったのが標記の語「私の祖母は、人に先がけて席を取ろうとしたら、きつくたしなめるような人だった」である。やはり、老人を学習する環境にあったわけだ。本の大好きな女の子だった。

また感受性の鋭い子で、小学生の時、前の席の子がお金をなくしたと騒ぎだした。蓮以子は異様な圧迫を覚える。相手と席が近いという理由で、級友は私を疑うだろう、そう考えただけで顔が赤くなり、ついに机につっぷして泣きだした。「こんなばかげた話があるだろうか、という思いが私をよけいに泣かせていたらしいが、いまだに私は手癖の悪かった子として級友におぼえられているだろう」。

三歳の娘を亡くした。その知らせは、ロケ先に届いた。蓮以子は宿でメーキャップをしていた。大変な衝撃だった。半狂乱になりながら、同時に鏡の中の自分の顔を確かめた。こんな時、人はどんな顔になっているか、無意識に確かめていた。「俳優というものは鬼のようなものだと、私は思わずにはいられない」。

彼女に老女役が適役と勧めたのは宇野重吉で、まだ二十代後半の頃だった。老人扱いについては、こう述べている。病院などで高齢者に小児言葉で話しかけたりする。優しく労っているつもりらしいが、当人の心を稚《おさな》く退化させるので、やめてほしい。

北林谷栄

きたばやし・たにえ●1911（明治44）年5月21日—2010（平成22）年4月27日。本名は安藤令子（蓮以子）。東京市銀座に生まれる。1929年、山脇高等女学校卒。1942年、宇野重吉らと「瑞穂劇団」を結成。戦時中は、帝大新聞の編集者、少女雑誌の記者となる。1945年、画家・河原冬蔵と結婚。戦後、1950年「劇団民藝」を創立。木下惠介監督「破戒」でデビュー。以後、老婆や老女役で絶賛され、映画や舞台などで活躍。1989年に動脈瘤破裂で倒れるも、復帰作の岡本喜八監督「大誘拐／RAINBOW KIDS」で、日本アカデミー賞最優秀主演女優賞他を独占。著書にエッセイ集『蓮以子八〇歳』がある。肺炎のため死去。享年98。

食べ物というものは、
うまいと思って
食べれば
栄養になる。

——幸田露伴

食通とは大食いのこと、とは、二〇〇九（平成二十一）年に生誕百年を迎えた作家・太宰治の定義だが、言い得て妙である。そして大食いの行きつく果ては、いわゆるゲテモノ、イカモノ食いとなる。

今はもうすたれてしまったが、筆者が若い時分、「闇鍋」なるものがあった。各自が乏しい小遣いを出し合い、食料を買ってくる。大鍋に湯をわかし、調達してきた品を皆ぶち込む。肉あり魚あり野菜あり餅あり果実あり、まあ、言うなれば寄せ鍋である。煮えあがったところで、つつきあう。食えない物を入れてはいけない。もともとまっ暗闇の中で何が入っているかわからぬスリルを楽しむ座興だが、そして少ない食費で全員が満腹する（味はともかく）窮極の知恵だが、飽食の現代では流行《は や》らない。

いや、美食時代だから、かえって、このような変な鍋料理が人気になるかも知れぬ。美味に飽きると、人は粗餐《そ さん》を恋しがるものである。食通がイカモノを求めるのと同じである。人がまだ食べない物を食べてみたい。それぞれ自慢の珍味を持ち寄って、味わおうではないか、というのが幸田露伴作『珍饌会《ちんせんかい》』。

食えない物、まずい物を持参したら、罰として水一升を飲んでもらう。味の源は水であるから。そのかわり顎が落ちる珍饌の提供者には、酒を一樽進呈する。

さあ、集まった、集まった。月桂酒だの、マイラ木茶だの、ツグミの腸の塩辛だの、三平汁だの、小説とはいえ架空の料理でなく、古書に出ている料理ばかりである。

作者の露伴は、漱石、鷗外と並び称される明治の文豪である。あらゆることに精通し、知らない事が無い。「歩く百科事典」と呼ばれた。娘の文《あや》(『流れる』『おとうと』の作家)に、雑巾の絞り方からハタキのかけ方、剣術まで教えた。むろん、料理はくろうとはだしで、たとえば吸物の作り方。コンブを鍋に敷いてダシを取るのだが、つゆにヌルが出る。このヌルを除くには竹箸で梅干を一つつまみ、汁の中で数回かきまわす。それから杓子で何度も汁をすくっては、こぼす。汁を空気にさらすと、味が複雑になるそうだ。

酒席の喧嘩の方法も教えている。立ち上がる時に、足袋の親指の裏に、刺身醤油をぶっかける。畳の上ですべらないためである。

味にうるさく、文がまずい物を出すと、「おれは、はきだめじゃない」と怒った。ゴミ捨て場ではないぞ、という痛烈な皮肉である。

着る物は取ることができる。口に入る物はまずいからといって取り出せない。料理は真剣にやるものだと、諭《さと》した。

露伴の博識は、人並はずれた読書量から得ている。作家というより、学者である。それだけに著作は難解で、読者が限定される。

小林勇『蝸牛庵《かぎゅうあん》訪問記』は、露伴の言行を記録した本だが、とっつきにくい露伴文学の解説書のようなものである。露伴その人が文学なのだとわかる。料理の講釈も文章ではむずかしいが、談話だと実に明解である。

食べ物というものは、うまいと思って食べれば栄養になる。まずいと思って食べれば決して滋養にならない。ね、わかりやすいでしょ? 食べ物は取り合わせが大事で、これさえうまくやれば皆美味である。雑草のアカザはまずいものだが、浅草海苔を添えるとうまい。

第一回文化勲章を受章。国家から優遇された文人にろくな者なし、とスピーチをした。

幸田露伴

こうだ・ろはん● 1867年8月22日(慶応3年7月23日)―1947(昭和22)年7月30日。小説家。江戸(現東京都)下谷生まれ。東京英学校中退、逓信省電信修技学校卒。電信技手として北海道に赴任したが、1887年、文学を志して帰京。尾崎紅葉、坪内逍遥、森鷗外と並んで「紅露逍鷗」時代を築き上げた。『風流仏』で評価され、『五重塔』『運命』などの文語体作品で文壇での地位を確立。擬古典主義の代表的作家で、漢文学・日本古典や諸宗教にも通じ、多くの随筆や史伝のほか、『芭蕉七部集評釈』などの古典研究なども残した。『露伴全集』41巻がある。第一回文化勲章受章者。娘の幸田文も随筆家・小説家となる。享年80。

いさぎよく年は代れり
いさ大臣
汝《な》もなどてか
早かはらざる
——天田愚庵

年が改まったのだから、総理をはじめ大臣たちよ、あなたたちもいっそ交代したらどうだ。

標記の歌「いさぎよく年は代れりいさ大臣汝《な》もなどてか早かはらざる」は、そのような意味である。

「位のみ人のつかさと登りつめことわり暗き大臣《おとど》等《ら》はも」

大臣とは名ばかりで、どいつもこいつも理屈のわからぬ者、いやはやあきれてしまう。

「頭には雪もみちたり年まねく政府にをれば蔵もみちたり」

雪とみまがう白髪の歳になりながら、政治家となれば、金銀財宝うなるばかり。

これらの歌が詠まれたのは、辰年の正月である。

「新玉《あらたま》の年は龍年立ててみよ其《その》名に負へる猛《たけ》き政府を」

百九年前の一九〇四（明治三十七）年である。龍の名にふさわしい強い政府を望む、という歌である。二月四日に、日露戦争が始まった。「猛き政府」は、ロシアに対して弱腰の政府を叱咤《しった》したわけだ。

歌の作者は、天田愚庵《あまだぐあん》という禅僧である。正岡子規が短歌革新運動を起こすきっかけになった歌人でもある。俳句だけを作っていた子規は、愚庵と知りあい、この人の歌に触発されて和歌を詠み始めた。

愚庵は本名・甘田久五郎といい、現在の福島県いわき市に生まれた。十五歳で戊辰《ぼしん》戦争に参加、戦乱で勘定奉行の父、母、五歳下の妹と生き別れた。

明治の世になって、両親と妹を探し回る。ほぼ全国を訪ねている。山岡鉄舟に愛され、鉄舟の世話で、「海道一の大親分」清水次郎長こと山本長五郎の養子となる。博徒たちを指揮して、富士の裾野の開墾に励んだ。次郎長の一代記『東海遊侠伝』を著わし出版した。これが次郎長伝の「種本」である。

肉親探しの協力を得るため、次郎長の身内になったようだが、のちに養子を解消した。写真術を学び、写真師となって各地を回った。しかし、両親と妹の行方は、つかめなかった。

「ちちのみの父に似たりと人がいひし我眉の毛も白くなりにき」

これだけ手を尽くして見つからないのだから、外に向かって尋ねるより、内に帰って両親妹を見るがいい、と鉄舟にさとされて、出家した。一八九二（明治二十五）年、庵《いおり》を結ぶ。愚庵と号した。

鉄舟の弟子に、鉄樹《てつじゅ》という者がいる。師の剣と禅の後継者と目《もく》された人である。愚庵と親しく、愚庵の世話で小倉家にムコ入りした。夫人が亡くなったあとは、長いこと独身を続けた。七十数歳の時に再婚、相手は鉄樹を先生と尊敬した三十歳下の女性、すなわち日本画家の小倉遊亀《ゆき》である。

愚庵が父母と別れた時、母は四十七歳であった。

「かぞふれば我も老いたり母そはの母の年より四年老いたり」

その五十一歳で、愚庵は亡くなった。ついにこの世で、肉親との再会はかなわなかった。

「美しき沙羅《さら》の木の花朝さきてその夕《ゆうべ》には散りにけるかも」

愚庵の相撲の歌を紹介する。

「東は梅ヶ谷かよ西は誰ぞ常陸山とぞ名のりあげたる」「いさぎよくしきれ壮夫《ますらお》立つ時に待てとはいふなまちはするとも」「突く手さす手見る目もあやに分ねども組みてはほぐれほぐれてはくみ」

辰年の龍に縁ある一首。

「虎とうち龍とをどりて壮夫がすまふ（相撲）をみれば汗握るなり」

天田愚庵

あまだ・ぐあん●1854年8月13日（嘉永7年7月20日）—1904（明治37）年1月17日。1868年、15歳で戊辰の役に出陣中、父母妹が行方不明となる。以後20年間、肉親を捜して全国を巡る。その間、山岡鉄舟の知遇を受け、また一時、清水次郎長（山本長五郎）の養子となった。著書『東海遊侠伝』はその後の「次郎長もの」の種本となっている。34歳のとき仏門に入り、1892年、京都清水産寧坂に庵を結び「愚庵」を名乗る。1893年、西国巡礼に出発。『巡礼日記』として、翌年日本新聞社より出版された。漢詩、万葉調歌人としてすぐれ、正岡子規に大きな影響を与えた。京都伏見桃山の庵で没す。享年51。

私等は
平和な戦いの兵士として
意気高く、
煙る雨の中を、
乗り込んだのであります。

——人見絹枝

日本代表女子選手として、第九回オリンピックに初めて出場し、大活躍した人である。突然、世に現れ、いくつかの世界公認記録を作り、あっという間に世を去った、伝説のアスリートである。

人見絹枝《ひとみきぬえ》は一九〇七（明治四十）年元日、岡山県の農家に生まれた。頭がよくて、動物好きの子だった。県立岡山高等女学校時代に初めて挑んだ走幅跳で、日本女子最高記録を作った。周囲から勧められて、東京の二階堂体操塾（現在の日本女子体育大学）に入塾した。一時、京都第一高等女学校の体操教師になったが、読むことと書くことが大好きな彼女は、大阪毎日新聞社に入社し、スポーツ記者になった。むろん、陸上競技は続けた。そして百メートル競争で十二秒二、走幅跳で五メートル九八の世界記録を作った。

一九二八（昭和三）年七月、第九回アムステルダム・オリンピックが開かれた。この回から、陸上競技のみ女子の参加が認められた。しかし、百メートル、八百メートル、四百メートルリレー、それに走高跳と円盤投げの五種目に限られた。人見は百メートル優勝を期待されて出場したが、決勝に残れなかった。

国民の皆さまに申しわけない、と監督に直訴し、八百メートル競走に出させてほしいと頼んだ。八百メートルは一度も練習したことがない。初めて走るのである。しかも男子でさえ苦しい距離走といわれる。監督も役員たちも、人見の必死の陳情に、ついに負けた。

人見は予選を通過、決勝の九人に残った。そしてスタート、いきなりトップになった。百メートルのつもりで全力で走ったのである。これはいけない、先頭についていく形でないと不利だ、と考え、スピードをゆるめたら、とたんに次々と追い抜かれ、六位になった。二周目で四位に上がった。第三コーナーで三位に、第四コーナーを出たところで二位を抜いた。先頭は十五メートル前のラトケ夫人（ドイツ）である。人見は、こう書いている。

「一歩一歩、骨を削り、命を縮めて近づいて行く。精かぎり根かぎり追いすがつて行く、これが大和魂の発露でなくて、何であろう！」

十五メートル差を二メートルに縮めて、二着でゴールイン。人見はうつぶせに倒れ、気を失った。他の選手は皆あおむけに倒れ失神した、というほど、すさまじいレースであった。命にかかわる、ということで、女子八百メートル競走は、以後、封じられた（復活したのは一九六〇年のローマ大会である）。

人見はわが国女子で初めて銀メダルを得た。この大会では織田幹雄が三段跳で優勝、南部忠平が四位入賞している。人事不省の人見を介抱したのは、この二人であった。

人見は後輩たちの育成に骨を折った。練習のための合宿費用や、外国の大会に参加させるための渡航費、滞在費などにあてるため、自分の著書の印税や、私財を投げ打った。借金もしている。募金のための講演を積極的に引き受けている。その過労から、二十四歳の若さで世を去った。亡くなったのは、八百メートルで銀メダルに輝いた日と奇しくも同じ日であった。

人見絹枝は、四冊の著書を残した。一九二六（大正十五）年の『最新女子陸上競技法』、一九二九（昭和四）年『スパイクの跡』、同年『戦ふまで』そして、亡くなった年の『ゴールに入る』である。

『ゴールに入る』の最後は、こんな文章である。

「ああ、すべて終ったのだ。さようなら！」

標記の語「私等は平和な戦いの兵士として意気高く、煙る雨の中を、乗り込んだのであります」は、オリンピック初参加の感想。

人見絹枝

ひとみ・きぬえ●1907（明治40年）年1月1日―1931（昭和6）年8月2日。陸上競技選手、ジャーナリスト。岡山県御津郡福浜村（現岡山市南区福成）生まれ。17歳で中等学校競技大会の走り幅跳びで優勝。二階堂体操女塾（現日本女子体育大学）に進学し、卒業後は大阪毎日新聞運動部記者となる。第2回万国女子オリンピックで個人優勝。1928年、アムステルダム・オリンピック800m走では2位、日本人女子初のメダリストとなった。その後講演、執筆、募金活動などを通じ女子スポーツへの関心を高めるために尽力した。著書に『スパイクの跡』など。肺を患い24歳にて早世。

天気晴朗なるも
浪高かるべし

——岡田武松

「本日天気晴朗なれども浪高し」とは、日露戦争での「日本海海戦」を直前にした司令長官・東郷平八郎が、大本営に報告した文の有名なくだりだが、これは前日、中央気象台の予報官・岡田武松《たけまつ》が大本営に通報した文句を用いている。岡田の文は、こうであった。

「天気晴朗なるも浪高かるべし」

言ってみれば東郷は岡田に、お前さんの予報は適中したよ、ありがとう、と暗黙に返事したわけである。

戦場において気象予報は重要である。気象を基に作戦を立てるからだ。台風の時節を計算に入れずに日本を襲った蒙古軍は、二度も壊滅した。織田信長は折からの激しい雷雨に乗じて、桶狭間《おけはざま》の今川義元を急撃した。一七〇二（元禄十五）年の赤穂浪士の討ち入りも、集団の足音を消す降雪を利用している。

従って軍部は、作戦の機密保持のためにも、気象観測を独占したい。

岡田が中央気象台長の一九三八（昭和十三）年頃から、軍はおのが勢力下に置くべく計画を着々と進めてきた。岡田は、抵抗した。気象事業は、戦争の道具ではない。業を煮やした将校は、岡田を叩っ斬る、と息巻いた。一九四一（昭和十六）年夏、軍令部に呼びだされ、そこで重大な軍の機密を明かされた。日本は米英を相手に戦争する、協力せよ、という話であった。聞いた以上は承諾しなければすまない。岡田は辞職を決意した。彼なりの協力拒否である。中央気象台は陸海軍の支配下に置かれた。新聞やラジオから予報が消えた。気象のすべてが、管制された。たとえば一九四四（昭和十九）年の暮れに起きた、東海地方の大地震と津波の被害状況などは、詳細に報じられなかった。戦争が終わって、初めて知る者が多かった。

岡田武松は一八七四（明治七）年、千葉県布佐《ふさ》に生まれた。民俗学者の柳田国男と近所同士で、遊び友だちだった。一高時代に二人は徒歩で布佐から筑波山、水戸、常陸太田、磯崎、銚子と五泊六日の旅をした。柳田は旅の面白さを知り、民俗学を志すきっかけになった。岡田は故郷の町がしばしば利根川の洪水に襲われるのを目の当たりにし、防災の観点から気象学を専攻した。東京帝大物理学科を出ると、中央気象台に就職し、予報官になった。

ある日、町を歩いていると、商家の番頭と店員が新聞を広げて、明日の花見の相談をしていた。「岡田博士談も当てにならないからなあ」という言葉を小耳に挟んで、ガッカリした。天気予報は当たらないもの、というのが世間の相場であった。岡田は学問としての社会評価を高めなくてはならぬ、と考えた。それには研究を深め、優秀な人材を養成する必要がある。中央気象台庁舎内に、月謝不要の技術官養成所を設けた。学問だけでなく、教養を深め人間として尊敬されることを求めた。玉偏の理学博士は少し勉強すれば誰でもなれる。獣偏の狸学《りがく》、これはひどい目にあった末に学ぶもの、正直だけでは世を渡れぬ、時に狸を決める生き方も必要、と教えた。老人は、昔はよかった、あの頃はこうだった、とタの字をつけるのでタツキ、タヌキ親父にならなくてはいけない、と笑わせた。

戦争が終わって、ラジオから「明日は南東の風、晴で暑さが厳しいでしょう」と流れるようになった。これこそが平和なのだ、と岡田は言った。当たり前の日常こそ平和なのである。

岡田武松は一九四九（昭和二十四）年、文化勲章を受章、七年後、八十二で死去。この年、中央気象台は気象庁に昇格した。

岡田武松

おかだ・たけまつ●1874（明治7）年8月17日—1956（昭和31）年9月2日。千葉県東葛飾郡布佐町（現我孫子市）生まれ。気象学者。1899年、東京帝国大学理科大学物理学科を卒業。中央気象台に入る。1904年に予報課長となり、翌年の日本海海戦のおりの天気予報を出した。1920年には神戸に海洋気象台を創設し、その台長に、1923年には中央気象台台長となり、1941年まで在職した。1910年には無線による海上の気象電報の交換を始めるなど、日本の気象事業の発展につくし、日本の海洋学、地震学の発展にも貢献した。著書に『日本気候論』などがある。享年82。

字を書くことは大嫌い

朝永振一郎

山中伸弥氏のノーベル賞受賞が決まった時、受賞理由のｉＰＳ細胞なるものが話題になった。どのような理論なのか、何度解説を聞いても理解できない、とある人が知人にこぼしたら、聞いて即座にわかるようならあなたがノーベル賞をもらえるでしょう、と相手にまぜかえされ、大笑いになった。ノーベル賞は、むずかしいのである。

わが国の受賞者第一号は、一九四九（昭和二十四）年の湯川秀樹博士で、二人目が、十六年後、一九六五（昭和四十）年の朝永振一郎《ともながしんいちろう》博士、共に理論物理学部門の受賞である。二人は中学高校大学の同窓生だった。年齢は同じだが、朝永氏の方が九カ月兄貴である。

朝永博士は、「くりこみ理論」「超多時間理論」他が評価された。新聞記者もどういう理論かわからない。それで受賞が決定した際、しろうとにもわかるように説明してほしい、と訪れる記者の最初の質問が決まってこれ、そのつど博士は笑いながらユーモアをまじえ同じ答えを繰り返す。説明されてもむずかしくて納得できなかったそうだが、博士の誠実な応対ぶりに、記者たちはいっぺんでファンになったという。

学者らしからぬ人柄、と評されたが、物理学者なのに落語が好きで風呂が好き、日本酒が好きで煙草が大好きだったからだろう。朝寝も大好きだった。

自己紹介の際、自分の名はトモナガ・シンイチロウです。朝日の朝、永久の永、野球の三振の振、ふつうの一郎と書きます。朝寝坊なものですから、友人がからかって朝長寝一郎と手紙に書いてきたことがあります、と笑わせた。朝の長寝は事実だったらしく、夫人の回顧録に、結婚する時に主人の両親から、振一郎を朝、「絶対に起こさないように」と頼まれ、七十三歳で亡くなるまで約束を守った、とある。「主人の唯一の贅沢は、充分な睡眠時間がほしいということだけでした」。

夫人はこんな歌を詠んでいる。

「愛蔵品ひとつももたぬ夫《つま》のみ柩《ひつぎ》に何を納めんと子等談《かた》り合ふ」

学士院賞を受賞したお祝いに、門下生たちが肖像画を贈ろうとした。「同じ入るなら額ぶちより、風呂がいい」というので風呂桶に替えた。

ノーベル賞祝いで深酒をし、入浴中に転んで負傷した。ついに授賞式に出席できなかった博士は、翌年スウェーデンに出かけて国王に答礼し、あわせて受賞講演を行った。

博士の嫌いなものは、揮毫《きごう》だった。色紙を頼まれ、やむなく筆をとったが、書いた文句が、「字を書くことは大嫌い　書かせる奴はなお嫌い　こんな処にまたと来ぬ」。

ある大学祭に招かれた。学生の書いたポスターに誤字がある。それを踏まえて書いた色紙の文言《もんごん》が、「研究の大ゴミは、ときに大きなものがつれることである」。

「大ゴミ」は、正しくは「醍醐味」、おいしいこと、深い味わいの意味である。当意即妙の洒落《しゃれ》は、いかにも落語愛好家らしい。研究室の余興大会で、艶笑《えんしょう》落語（ドイツの小話を基にご本人が創作したらしい）をしばしば披露し、喝采を博した。講演も落語調だった。山中伸弥氏がプレゼンにはユーモアが必要と外国で学んだ、とおっしゃり、その通り講演で笑わせていたけれど、朝永博士がすでに実行している。これは博士の「まじめな」色紙の文言。

「ふしぎだと思うこと／これが科学の芽です／よく観察してたしかめ／そして考えること／これが科学の茎です／そうして最後になぞがとける／これが科学の花です」

朝永振一郎

ともなが・しんいちろう●1906年（明治39）年3月31日―1979年（昭和54）年7月8日。物理学者。長崎出身の哲学者・朝永三十郎の長男として、東京市小石川区小日向三軒町（現文京区）に生まれる。京都帝国大学理学部物理学科卒。湯川秀樹博士とは中高大学とも同期。1931年、仁科芳雄に誘われ理化学研究所仁科研究室の研究員に着任。1948年に小谷正雄とともに日本学士院賞を受賞。「くりこみ理論」により量子電磁力学を確立し、1965年にジュリアン・シュウィンガー、リチャード・ファインマンと共同でノーベル物理学賞を受賞。咽頭癌のため73歳で死去。

御自分の躰の中へ
吸ひかへして
おしまひなさい。
自然の中から。

——與謝野晶子

「ハイヒール鳴らして戻る晶子の忌《き》」

森瑞穂《みずほ》さんという三十代の女性の句である。與謝野晶子が亡くなったのは、一九四二（昭和十七）年五月二十九日、没後七十年に当たる年に詠まれた句で、「ハイヒール」の語が、明治の女たちを奮い立たせた「新しい女」の旗手、晶子を象徴している。「恋と革命」を歌った歌人は、現代もなお若い人たちに支持されているらしい。

「やは肌のあつき血汐《ちしお》にふれも見でさびしからずや道を説く君」と奔放な恋を詠んだ時の晶子は二十三歳、「やははだの晶子」と呼ばれてデビューした。一九〇一（明治三十四）年のことである。

そして百二年前の一九一一（明治四十四）年、平塚らいてうら女たちによる女たちの雑誌『青鞜《せいとう》』が発刊された。晶子は創刊号に、「山の動く日来《きた》る」と日本女性に自立をうながす詩を掲げた。「すべて眠りし女今ぞ目覚めて動くなる」と。

こんな詩もある。題は、「駄獣の群」。

「あはれ、此国の／怖るべく且つ醜き／議会の心理を知らずして、／衆議院の建物を見上ぐる勿《なか》れ。」の書き出しで、ここは最も無智で最も敗徳、（ママ）最も無作法なる野人の集まる所で、「此処《ここ》に在る者は／民衆を代表せずして／私党を樹《た》て、／人類の愛を思はずして／動物的利己を計り／公論の代りに／私語と怒号と罵声とを交換す。」うんぬんと続く。

これほど激越な言葉と調子で議会と議員を批判した詩は、他にないだろう。何しろ、議員は「駄獣」だというのである。

晶子の功績は、女性の地位や意識向上、社会変革にとどまらない。『源氏物語』の全文現代語訳の偉業がある。わが国で最初に訳した人である(次が谷崎潤一郎)。ところがあと少しで完成という時、一九二三(大正十二)年の関東大震災で、原稿を焼失してしまった。十四年も書きつづってきたのである。

「失ひし一万枚の草稿の女となりて来りなげく夜」

晶子に現代語訳を依頼したのは、親友の小林政治である。毛布問屋主人の小林は、晶子一家の生活援助のつもりで頼んだ。当時コピー機は無い。小林も万が一を考え写字生を手配したのだが、その人が急死してしまった。

晶子の凄いところは、このショックにめげず、また一から改めて書き始め、そして完成させたことである。十五年、かかった。一九三八(昭和十三)年に第一巻を刊行、翌年に全六巻が完結した。この年に「谷崎源氏」の第一巻が出ている。

小林政治に迪子《みちこ》という娘がいた。晶子が入院中、ミチコ急死の報が届いた。驚いた晶子は、とりあえずお悔みの手紙を、小林に送った。

「やっとすこし心がおちつきました」という書き出しで、以下、次のように続く。

「私は今病院のベッドの上で、迪子さんが大自然におかへりになったのであるから、この風に迪子さんがまじっておいでになる、迪子さんを吸はうと思って大きい息を一つすひました。そしてとめどなく涙を流しました」

退院したら、すぐあなたがたの所に行く。大自然に迪子さんが帰ったと考え、あなたがたも自分の体の中に吸い返してしまいなさい。

大正版「千の風になって」である。

実は小林の娘ではなかった。晶子の知人・渡辺湖畔の娘みち子だった。留守番の者が、電報発信人のコハンをコハヤシと誤読したのである。同名の娘がいたため、間違えたのである。間違えられた迪子は、後年、晶子の長男のお嫁さんになった。

與謝野晶子

よさの・あきこ●1878（明治11）年12月7日―1942（昭和17）年5月29日。堺県堺区甲斐町（現大阪府堺市）で老舗和菓子店を営む鳳（ほう）家の三女として生まれた。本名は志よう。1900年に與謝野寛（鉄幹）が創立した新詩社の社友となり、機関誌『明星』に短歌を発表。翌年、処女歌集『みだれ髪』を出版した。與謝野寛と結婚し、12人の子をもうける。『小扇』『舞姫』『佐保姫』『夏より秋へ』『火の鳥』『太陽と薔薇』『白桜集』（遺稿）など多くの歌集を刊行。詩や小説、童話のほか、『源氏物語』などの古典研究、婦人問題や女子教育活動など多方面で活躍した。享年63。

住民百世の安堵《あんど》を図る

浜口梧陵

一九〇三（明治三十六）年、ロンドンの「亜細亜協会《アジア》」において、留学中の浜口擔《になう》が「日本の女性」という講演を行った。演題から客の大半が、イギリスの女性である。

講演が終わって、質疑応答の時間が設けられた。一人の若い女性が立ち上がり、ステラ・ラ・ロレッツと名乗ると、「つかぬことを伺いますが」と切りだした。

自分は以前からハマグチという日本男性に、あこがれを抱いてきた。いや、あこがれというより、尊敬の念です、と前置きし、ハマグチという男性は何者かといえば、ラフカディオ・ハーンの作品『ア・リビング・ゴッド』の主人公です、と語った。会場の客たちが、どっと笑う。ステラは恥ずかしそうに、『ア・リビング・ゴッド』のストーリーを簡単に紹介した。

今より百年前、紀州（和歌山県）広村《ひろむら》に大地震があり、ついで大津波が襲ってきた。夜である。ハマグチゴヘエは、村人を高所に逃がすべく、稲叢《いなむら》（刈りとった稲を積みあげたもの）に次々と火を放って、避難場所の目印とし、また、暗夜のあかりとし誘導した。

ハマグチの機転で、村人のほとんどが命拾いした。村人は感謝を込めて、ハマグチ大明神を祀《まつ》った。すなわち、リビング・ゴッド（生ける神）である。

自分はハマグチの行為を尊いものと嘆称し、いつの日か日本を訪れたなら、広村のハマグチ大明神にお参りしたいと願っていた。そんなところに同じ姓のあなたが講演なさると知って、是非お伺いしたいと思ってきた、あなたはリビング・ゴッドのハマグチと何らかの関係があるのでしょうか？　本日の講演と全く関わりのない質問をして、ごめんなさい。でも何としても、お聞きしたかったのです。

ステラが恥じらいながら、聴衆に頭を下げた。壇上の浜口が、いささかとまどいながら、小さな声で答えた。

「実は、私はただいまのお話のゴヘエのむすこです」

会場が、どよめいた。ついで、大拍手が起こった。壇上の浜口は、改めて、ゴヘエの事績を手短に語った。

百年前でなく、四十九年前の一八五四（安政元）年の話であること、ゴヘエでなく、名は儀兵衛《ぎへい》であること、そしてハマグチ大明神に祀られる話は確かにあったが、父が猛反対して取りやめになった、等々である。

ハーンの『ア・リビング・ゴッド』は、『稲むらの火』の題で翻訳され、戦前、小学校の教科書に載せられた。昔の子どもたちは、この作品によって、津波のこわさと、遭遇した際の身の処し方を学んだ。

浜口儀兵衛は、梧陵《ごりょう》と号した。広村の醤油醸造元の家に生まれ、十二歳で、千葉県銚子の本家（現在のヤマサ醤油）の養子になった。佐久間象山の塾に学び、勝海舟を知り、三歳下の海舟の思想に共鳴した。やがて海舟のパトロンになる。

梧陵は大津波後、私財をもって広村に長さ一キロ余の防波堤を築いた。職を失った村人に工事の賃銀を払い、生計を助けた。五十戸の家を新築し、貧しい者には無料で、資力ある者には十カ年の年賦で与えた。一方、農具を製造させて、分配した。標記の言葉「住民百世の安堵を図る」は、防波堤を築いた時の手記に出てくる。

大明神の話が持ち上がった時、梧陵は、私は神にも仏にもなるつもりはない、そんなことをするなら、今後は一切お世話をしない、と立腹したという。

浜口梧陵

はまぐち・ごりょう●1820年7月24日（文政3年6月15日）―1885（明治18）年4月21日。梧陵は雅号。紀伊国広村（現和歌山県有田郡広川町）で生まれる。12歳で本家の養子となり、千葉県銚子のヤマサ醬油の事業を継ぐ。34歳で七代「儀兵衛」襲名。1854年、偶然帰郷していたとき南海の大地震に遭い、津波を予見し稲むらに火を放ち、村人を誘導して避難させた。津波被害を受けた故郷のため私財を投じて大防波堤を築造。1858年に江戸（神田お玉ヶ池）にある種痘所が火災に遭った際は寄付をして再建。のちに西洋医学所と称し現東京大学医学部の基礎となった。長年の願いであった欧米への視察途中、ニューヨークにて客死。享年66。

人生の中で、何にどういう意味があったとか、なかったとか、そんなふうに考えること自体、無意味とも言える。

——塩谷靖子

標記の言葉「人生の中で、何にどういう意味があったとか、なかったとか、そんなふうに考えることと自体、無意味とも言える」は、次のように続く。

「どんなことにだって、プラス面もあればマイナス面もある。そして、価値観によっては、そのプラス・マイナスが逆転することだってあるのだから」

最近、何げなく手に取って、「まえがき」を拾い読みし、面白そうだなと思った本があった。そして、本文を読んでみたら、思った通り面白かった。私と同い年の女性の、自伝風エッセイである。冒頭の文章「人生の中で、何にどういう意味があったとか、なかったとか、そんなふうに考えること自体、無意味とも言える」に続く言葉から、書名がとられている。「私が、あちこち寄り道してきたことも、時間と労力の無駄だったとも言えるし、いろいろな経験をした分、何かしら得たこともあったと言えるのだ」。

『寄り道人生で拾ったもの』（小学館）、著者は塩谷靖子《しおのやのぶこ》さん。

東京女子大学を卒業して、コンピューター・プログラマーとなり、四十二歳の時、突然、声楽を勉強して、「日本歌曲コンクール」で入選する。音大や東京芸大出身の者ばかりの中での快挙（このコンクールは一九九〇年から始まったが、音大出身者以外の入選者はこれまで塩谷さんの他に一名のみという）である。

塩谷さんは立派な声楽家だが、歌で稼いでいるのではなさそうだから、肩書は主婦であろうか。かのイギリス人女性スーザン・ボイルほど有名、といえるかどうかも微妙である。少くとも私は、同世代の普通の女性が書いた半生記として読んだ。

ホストクラブってどんな所かしら、一度行ってみない？　と女友だちに誘われ、話の種に行ってもよいかな、と夫に相談する。それが「まえがき」である。ね？　何だか面白そうな幕明きじゃありませんか。ホストクラブが、どんな風に声楽と結びつくのか。確かに、これは「寄り道人生」には違いない。だけど、「拾ったもの」って何だろう？

老年の（おん年六十五歳である）女二人が店に入っていったら、どんな反応を示すだろうか。どんな風に接待してくれるのか。本当にイケメンのホストが来るのか。もしかして、こちらが知らないのをよいことに、醜男《ぶおとこ》をはべらせるのではないか。ケータイで写真を撮り、あとで誰かに確認してもらう必要がある。——そんな大げさな、と失笑しながら読む。とりあえず小さい頃のこと、仕事や歌、趣味の話を書いてみる、とあって、書いていたら一冊分の分量になった。ホストクラブ潜入ルポは、いずれ——と肩すかしである。だが、この軽妙さがクセモノなのだ。塩谷さんの人生は、普通のようで普通でない。標記や冒頭の文章を読み返していただきたい。これは並大抵でない生活を送ってきた人が言えることである。

塩谷さんは結婚し、二人のお子さんに恵まれる。新婚生活は、四畳半一室のアパートである。夫婦で「神田川」の歌詞のように銭湯通い、つくづく、内風呂がほしいと思った。あの頃の若者は、皆同じような境遇だったのではないですか？　確かに、そうです。でも塩谷さんの場合は、同じようだが違う。

めったに人が体験しないことをする。駅のホームから転落したのだ。とっさに線路の脇の壁にへばりつく。轟音と共に、電車が通過する。避難用の壁の窪みに、線路を向いてしゃがんでいたから助かった。逆だったら、風圧に髪の毛がなびき巻き込まれていた、と駅員に言われた。塩谷さんはこんな恐ろしい思い出を、淡々とつづる。

塩谷靖子さんは実は、全盲の女性なのである。

塩谷靖子

しおのや・のぶこ●１９４３（昭和18）年東京都生まれ。ソプラノ歌手、エッセイスト。旧姓は浜田。先天性緑内障のために8歳のころ失明。東京教育大学附属盲学校（現筑波大学附属視覚特別支援学校）へ進学。高等部を卒業後、盲学校の職業コース理療科で鍼やマッサージを学ぶ。東京女子大学文理学部数理学科卒業。日本初の全盲コンピューター・プログラマーとして、日本ユニバック（現日本ユニシス）に勤務。42歳より声楽の勉強を始める。各種コンクールで入賞、１９９９年には第7回太陽カンツォーネ・コンコルソ・クラシック部門で第1位を獲得。2度のリサイタルをはじめ、多数の演奏会に出演。２００９年より、エッセイストとしても活動している。

美味《うま》いものを食べないといゝ考えは出ない

野間清治

一つの考えが浮かんだ時、それだけでやめてはいけない。その反対の考えを呼んでくる。これを「縦横考慮」と名づける。

とは、大日本雄弁会講談社（現・講談社）を創業した野間清治《のませいじ》の言葉である。野間は「妙案帳」と名づけた手帳を肌身離さず持っていて、思いついたこと、人の話で気になったこと、などを片っぱしから書きつけた。これらを「考えるヒント」にした。「妙案帳」と命名したゆえんである。

野間の出版人としての始まりは、『雄弁』という雑誌からだった。一八九一（明治二十四）年、大学生たちの弁論大会が流行した。東京帝国大学法科大学の首席書記の野間は、これに目をつけた。演説の好見本を学生たちに提供したい、と教授の講演や講義の速記をとって雑誌にした。当時は大学教授の話は、その大学に通う学生以外、一般人には聴くことができなかった。だから学生より、むしろ、新知識に飢えた普通の読者が飛びついた。

野間には出版や編集のノウハウが、全く無かった。原稿を書いて印刷所に渡せば、印刷所が雑誌の形に作ってくれるもの、と思い込んでいた。活字の大きさやカットの作製など、細かい指定が必要だと考えもしなかった。適当に印刷してくれ、と繰り返した。野間の方では、この印刷所はいやに用心ぶかくて、客を煩わす、と内心うんざりしていたのである。印刷所はついに根負けして、創刊号をとにもかくにも雑誌の体裁にした、という。ところがこれが爆発的に売れたのだから、雑誌は見映えでなく、やはり内容なのだろう。ちなみに、この時の社名は、「大日本雄弁会」である。

下に講談社と付けるようになったのは、『講談倶楽部』という名の月刊誌を出してからだ。こちらは講談の速記を、雑誌にした。

こまった問題が起きた。講談と浪曲が同じ雑誌に載るのは面白くない、と当事者から文句が出た。誌名の通り講談のみ掲載せよ、と講談師たちが言うのである。野間は編集に口を出されたくない、と要求を蹴り、講談の速記でなく、作家たちに「書き講談」を依頼した。

これが、いわゆる大衆小説の始まりである。野間清治は、わが国大衆文学の生みの親といってよい。従来の講談に飽きたりなかった読者は、「書き講談」（野間は「新講談」という。創作講談である）を大歓迎した。

次に野間が企画したのが、月刊誌『キング』である。

大衆小説だけでなく、対談、座談、コラム、実話、ルポルタージュ、他ありとあらゆるものを詰め込んだ、名の通りの雑誌である。「日本一面白く、日本一為になる、日本一安い」を売り物にした。一九二五（大正十四）年一月創刊、売り切れ続出で増刷し、最終的に七十三万部を発行した。定価は五十銭である。

多彩な内容は、野間の「妙案帳」から生まれたのだろう。生活の知恵など「為になる」コラムは読者に喜ばれたが、野間自身は世俗に疎い人だった。夫人に預金先を相談されて、日本銀行が一番安全な銀行だろう、と日本銀行に行かせたというエピソードがある。

野間の父は剣客で、剣を学んだ道場主の娘が母であった。両親は明治になって撃剣の興行で諸国を回った。群馬県桐生にできた小学校で、住み込みの教師に迎えられた。野間は学校で誕生した。標記の語「美味いものを食べないといゝ考えは出ない」は、父が幼い清治に語ったもの。いいアイデアの元は、美食らしい。

野間清治

のま・せいじ●１８７８（明治11）年12月7日―１９３８（昭和13）年10月16日。講談社の創業者。群馬県山田郡新宿村（現桐生市）の生まれ。尋常師範学校卒業後、教師となる。１９０２年に東京帝大文科大学臨時教員養成所に入学。卒業後、沖縄中学校教諭を経て、東京帝大法科大学職員となる。学生の弁論を記録して活字化する計画を立て、大日本雄弁会を設立。１９１０年、弁論雑誌『雄弁』を創刊した。１９１１年に講談社を設立、雑誌『講談倶楽部』を発刊し成功。講談社と大日本雄弁会を合併し、大日本雄弁会講談社とする。１９３２年ローマ法皇、ルーマニア皇帝より勲章を受章。享年59。著書に自叙伝『私の半生』ほか。

本を買うと、
自分の財産が
ふえたような気がして、
非常にうれしい。

——林 尹夫

いくぶん涼しくなったが、夏は戦没学生の手記を読むならわしである。暑さが続いて、精神がだらけてくる。無性に、本を愛しむ文章が読みたくなる。学生の身で戦場に狩りだされた人の遺書や日記には、必ずといっていいほど、読書への熱い思いや、書物への渇仰《かつごう》が、なまなましく記されている。

二〇一〇年は、「電子書籍元年」と、もてはやされている。形の無い物が果たして書籍といえるのかどうかはともかく、紙の本を愛好する者には、何か寂しい。時代遅れを笑われているようで、鼻白む。

紙の本を、無条件に称えてくれるのは、戦死した学生たちだ。電子書籍なんて想像もしなかったろう彼らだけが、強力なわが身方である。彼らは読みたくても読めない環境に追いやられ、書物に万感の思いを残して世を去った。

古川正崇は、「書を読むと云う事は私にとっては人生の一目的でもある」と書く。読書は自分には運命的なつながりである、と言い切る。実家の書斎には、数多くの書物がある。それらは自分を待っていると言い、「死に直面してゐる今もそれら書物の数々を思うと、溢れるやうな歓びが湧く」。読書と人生、そんな言葉がよくあったが、私にはそれは切実なものの一つであった」。こう記した一カ月後に、彼は神風特別攻撃隊振天《しんてん》隊の一員として沖縄に出撃し、戦死した。二十三歳である。

『アンデルセン童話集』を、基地で読んだ林憲正は、花や小鳥が語る世界、これは単なる空想の世界でなく、いつか自分たちが生まれ変わる世界だろうと考えながら、楽しんだ。

二カ月後、出撃命令が下った。

「父上、母上始め兄弟姉妹、その他親戚知人の皆様、さやうなら。御元気でやって下さい。私は今度は『アンデルセン』のおとぎの国へ行って其処《そこ》の王子様になります。そして小鳥や花や木々と語ります。大日本帝国よ、永遠に栄えんことを」

神風特別攻撃隊第七御楯《みたて》隊第二次流星隊として、本州東方海上にて戦死。二十五歳。

林、という姓で思いだした。同姓だが親戚ではない、三高を経て京大史学科在学中に、学徒出陣し、第十四期飛行予備学生として二十三歳で戦死した林尹夫《ただお》である。この人の日記が『わがいのち月明に燃ゆ』という書名で公刊されている。

彼は兄の書棚からひそかに持ちだした当時国禁の書、レーニンの『国家と革命』のドイツ語版を、一枚ずつバラバラにし、チリ紙に挟んで、航空隊の便所の中で読んだ。何枚か読み終えるつど、捨てた。一冊読み通さないうちに、この世を去った。

林は学生時代、常に三冊の本を同時併読した。長く生きられない予感があって、読み急いだのである。徹底的に読書することが、自分を生かすことだ、と日記に記す。「淋しくとも我慢せよ。そうして、ひたむきに読書し、充実した生活を開拓してゆこう」。

とにかく閑《ひま》を見つけて、本を読む。面白そうだというだけの本は捨てる。選ばねばならない。「本をパッと開いて、『これはおれの世界に入れてやれそうだ』と思われぬ本は、惜気なく捨てるにしかずである。精神の高揚に生きよ、すべからく」。

こういう文章を読むと、活を入れられたように、背筋が伸びる。

電子書籍がどうの、と騒いでいる現代は、平和そのもの、読み急ぐこともない。しかし、充実した毎日といえるかどうか。

林 尹夫

はやし・ただお●1922（大正11）年3月30日—1945（昭和20）年7月28日。長野県生まれ。横須賀中学時代より文学青年で、トーマス・マンに深く傾倒する。第三高等学校を経て、京都帝国大学文学部へ進み西洋史を専攻。1943年9月に学徒出陣して海軍へ入隊、学問への思いは強く、多くの本を読み続ける。武山海兵団、土浦海軍航空隊、大井海軍航空隊、第801航空隊に所属。レーダーを装備した式陸上攻撃機の偵察員であった。四国沖にて夜間哨戒中に米機動部隊と接触、撃墜され戦死。享年23。著書に『わがいのち月明に燃ゆ　一戦没学徒の手記』『ヘルンの耳　小林尹夫詩集』ほか。

人民は官吏たる者の第一の主人也《なり》

――中江兆民

二〇一〇（平成二十二）年のNHK大河ドラマは、「姦吏《かんり》」たちと「軍《いくさ》」をいたし、「日本を今一度せんたく（洗濯）」せんとした幕末の志士・坂本龍馬が主人公だが、晩年の龍馬にかわいがられた少年がいる。

土佐藩留学生として長崎に送られた中江篤介《なかえとくすけ》である。篤介は留学生監督の岩崎彌太郎（NHKドラマでは龍馬と彼の関係を中心に展開するらしい）に連れられて、「亀山社中」（のちの土佐海援隊）に行き、龍馬と対面した。

たびたび「社中」に出入りした。龍馬に、「中江のニイさん煙草を買ふて来てオーセ」と頼まれると、喜んで使い走りをした。龍馬を尊敬し、将来、第二の龍馬たらんと心に期した。

革命家にはならなかったが、思想家になり、ルソーの『民約論』をわが国に紹介した。

第一回衆議院議員選挙に立候補、選挙費を一銭も使わず当選した。竹の皮に握り飯を包み、ドテラ姿で登院、しかし、節操のない議員たちの姿勢に失望し、「アルコール中毒のため評決の数に加わり兼ね候」と辞表を書いて代議士を廃業した。

篤介は兆民《ちょうみん》と号した。億兆の民、すなわち一般人である。兆民のために尽くすのが議員なのだ。それは官も同様、「本《もと》是《こ》れ人民の為めに設《もう》くるものに非ずや、今や乃《すなわ》ち官吏の為めに設くるもの丶如し、謬《あやま》れるの甚しと謂《い》ふべし。（略）人民は官吏たる者の第一の主人也」

喉頭癌になり、余命一年半と宣告された。これを短い、とみるか。自分は悠久なりといいたい。短いというなら、十年も短い、五十年も百年も短い。やりたい事があり、楽しみたい事があれば、一年半は十分の時間である。

そういう書き出しで執筆したのが『一年有半』、一年間で二十余万部を売る大ベストセラーとなった。短文による人物評、社会風刺、エッセイ集である。

今に日本中が墓地だらけになると懸念し、火葬にし海に散骨せよ、と主張したり、日本人は口の人、手の人多く、脳の人が少ないと嘆じたり、約束時間を守らぬ、「是れ正に其心術の放漫なるに起因する所以《ゆえん》なり」。

兆民には蓄財の意志も才覚もなかった。どころか借金があり、そこに不治の病である。

妻と散歩しながら、冗談のように兆民が言った。お前も四十を過ぎており、おれが死んだあと再婚の話が来そうにない。どうだ、いっそおれと一緒に、この川に飛び込まないか。苦しみの無い所に行けるぞ。

「何を馬鹿なことをおっしゃるのです」。妻が笑った。「本当に馬鹿なことだよな」。

「両人哄笑《こうしょう》し、途中南瓜一顆《いっか》と杏果一籠を買ふて寓《ぐう》に帰る、時に夜正に九時」

夫婦で大笑いとなり、八百屋でカボチャを一つと、杏《あんず》をひと籠買って帰宅した、というのである。深刻な会話と南瓜と杏の取り合わせが、小説のようである。

兆民は読書家であった。見舞い客の尻が長いと、「墓場へ行くから失礼する」と中座し、書斎に入った。貧乏と共に蔵書は米に換えられ、兆民のいう「墓場」も淋しくなった。ある人を訪問したら、机上に真山民《しんさんみん》の詩集が載っていた。十七、八歳の頃（長崎時代である）、愛読した詩集である。兆民は主人に乞うて借りた。真山民の詩で記憶にあるのは、「絡《らく》緯《い》数声山月寒」の一行だけだった。絡緯は、コオロギのことである。孤独な心境にあって、だから龍馬の愛情が嬉しかったのだろう。それはともかく、皆忘れたため今初めて読むようだった。記憶の「弱《じゃく》なるも亦《また》時をして益ありと謂ふへし」。

中江兆民

なかえ・ちょうみん● １８４７年12月8日（弘化4年11月1日）—１９０１（明治34）年12月13日。日本の思想家、ジャーナリスト、政治家。土佐藩出身。父は高知藩士。長崎、江戸でフランス学を学ぶ。１８７１年、岩倉使節団と共にフランスに留学。帰国後、仏学塾を開く。思想家ジャン＝ジャック・ルソーを日本へ紹介。東洋のルソーと評される。１８８１年に『東洋自由新聞』創刊、主筆となる。フランス流の自由民権論を唱え、自由民権運動の理論的指導者となる。１８９０年、第1回衆議院議員選挙に当選したが、翌年辞職。その後、実業に関係するが成功しなかった。『国会論』『選挙人目さまし』『一年有半』など多くの翻訳・著作がある。享年54。

日本人は生《うま》れながらに善徳や品性を持っている

――エドワード・S・モース

町を歩いていると、塀の向こう側から、「クリック」「クリック」という音が聞こえる。何だろう？　と立ちどまって、塀の隙間から見たら、美しい晴れ着姿の少女二人が、羽根突きに興じているのだった。黒いむくろじの種に、赤や黄の羽根を刺した羽子《はご》を、巧みに羽子板で打つ音である。

私たち日本人には、カツン、カツンと聞こえる音が、アメリカ人のエドワード・S・モースには、クリック、クリックと聞こえたらしい。一八七九（明治十二）年正月の東京の町を、東京大学で動物学を教えているモースは、興味を持って歩きまわった。町には何とも言えぬ美しい色彩が溢れていた。濃緑色の切り竹と松の、新年用の装飾品（門松である）、ワラで編まれた環飾り、けばけばしい色の図柄の凧で遊ぶ男の子、年賀に回る立派な着物の人、そして至る所に日の丸の国旗が出ている。

モースは家々のお飾りを、いくつかスケッチしている。羽子板や、羽子、追羽根で楽しむ娘の姿などを上手に描いている。

絵が得意な教授で、左右の手を同時に使って、違う絵を描き上げる特技を持っていたという。この人の著作『日本その日その日』は、絵と文で記録した、明治十年代の日本の風物風俗、そして日本人論であり、標記の語「日本人は生れながらに善徳や品性を持っている」もこの本に書かれている。文章も面白いが、当時の日本人の姿をスケッチした。これが貴重で、写真に無い味わいがある。モースは北海道や九州に出かけているが、地方では男のチョンマゲが、まだ当たり前であったことに驚く。

文章の方では、当時の風習や迷信を、克明に記録している。一のつく日、すなわち一日、十一日、二十一日には木を伐ってはならない。二のつく日は艾《もぐさ》を使う日で、三のつく日は、庭土を掘るべからず、四のつく日は竹を切るな、五のつく日は、食品を家に持ち帰ってはならぬ、という。一から十までである。一体、どこの言い伝えだろう。

ちなみに十のつく日、十日、二十日、三十日には便所を掃除してはならぬそうだ。トイレを汚すと、トイレの神様の不興を買う、とは筆者が子どもの頃言われたことで、トイレを毎日拭き清めると、女子は美人になり、男子はセイジンになる、とおだてられ、せっせと努めた。果たしてセイジンになったが、聖人でなく成人である。冗談はともかく、便所掃除厳禁の日があったなんて、初耳である。

大根を人にご馳走する際は、必ずふた切れ饗《きょう》する。ひと切れだけ出さない。「人斬り」を意味するからである。三片も「身切れ」に通じるので出さない。また茄子《なす》などの野菜は大根を除いては、縦に切り、輪切りにしない。輪切りにすると、残酷に見えるからである。これらは、チョンマゲ時代の名残りだろう。庶民というより、武家階級の伝承かも知れない。

右の耳がかゆいと、いい知らせを聞く。左の耳だと悪い知らせである。婦人の場合は、これが反対になる。耳たぼの大きい人は、幸福な素質を持っている。足の人差指が拇指よりも長い人は、父親よりも高い位を占める。

足の人差指だが、モースは、日本には手の指の名称があっても、趾《あしゆび》の一本一本の名が無い、と記している。なるほど、足の「薬指」とは言うまい。それとも現代では然るべく命名されているのだろうか？

言い忘れたが、モースは大森貝塚を発見発掘した人で、わが国近代考古学の祖である。また、ダーウィンの進化論を日本に初めて紹介した。

エドワード・シルベスター・モース

Edward Sylvester Morse ●１８３８年6月18日―１９２５年12月20日。アメリカの動物学者。メーン州ポートランド生まれ。12歳頃から貝の収集を始め、18歳で博物学協会に入会、新種を発見。大卒の学歴はなかったが、31歳でボードイン大学教授に就任し、ハーバード大学の講師も兼任。１８７２年、アメリカ科学振興協会の幹事となる。１８７７年、腕足類研究のため来日。東大理学部動物学の初代教授となる。大森貝塚を発見・発掘など、日本の考古学研究の基礎を築く。１９１７年、日本での日記とスケッチをもとに『Japan Day by Day（日本その日その日）』を出版。１９２２年、勲二等瑞宝章受章。脳溢血のためセイラムの自宅で死去。享年87。

悲しい話が
好きだなんていう
年頃だね。

山本周五郎

「お上《かみ》には学問もできるし頭のいい偉い人がたくさんいるんだろうに、去年の御改革から、こっち、大商人のほかはどこもかしこも不景気になるばかりで、このままいったら貧乏人はみんな餓死をするよりしょうがないようなありさまじゃないか」

現代の政治批判ではない。江戸時代の、長屋住まいの「かあちゃん」のセリフである。女手ひとつで五人の子を育てている。子どもたちは母を愛し、母の言うことに従順である。ある晩、泥棒が入る。この一家は全員が働き、小金を溜め込んでいる、といううわさを耳にし、忍び入ったのである。ところが「かあちゃん」に見つかり、若い泥棒は懇々と不心得をたしなめられる。そして金を積み立てているのは、知人のためであると聞かされる。

山本周五郎の短編『かあちゃん』である。

貯金の理由を知った泥棒は、一家の誠実に感動し、心を入れかえる。そして「かあちゃん」の勧めで、家に同居し、まじめに働きだす。めでたし、めでたし。

そんな馬鹿な、と目くじらを立てる人もいないだろう。小説の話である。この世にありえないこと、居そうもない人物を、巧みに、ありうること、居るかも知れない、と思わせるように描くのが小説世界であって、山本周五郎はそれの名手であった。

『かあちゃん』には、こんな文章が出てくる。「貧乏人には貧乏人のつきあいがある。貧乏人同士は隣近所が親類だ。お互いが頼りあい助けあわなければ、貧乏人はやってゆけはしない」。

「かあちゃん」は、こんなことも言う。「親を悪く云う人間は大嫌いだ」。子にはどんなことでもしてあげたい。しかし貧しいために、それができない。そんな親のつらさを察せずに、親が甲斐性なしだから貧乏なんだと文句をたれる、そんな人間は見たくもない。

山本周五郎（本名・清水三十六《さとむ》）は小学校を卒業すると、質屋さんに住み込み奉公をしている。家が貧しいために、上の学校に行けなかったのである。

周五郎のしあわせは、文学好きのあるじにかわいがられたことだった。山本周五郎は、主人の本名である。山本周五郎方、清水三十六と書いた封筒で懸賞小説を投稿した。当選し、雑誌に発表された名前は主人のそれだった。以後、間違えられた名を筆名とした。

年譜にはそうあるが、間違えられた、うんぬん、は作り話でないかと思う。質屋の主人が筆名に使用することを初めから許してくれたのではないか。

周五郎文学は、質屋づとめの時代に育成されたと見ていい。質草《しちぐさ》を預けに来る貧しい人たち（現代と違って遊興費がほしくて出入りする客は、ほとんどいない）の生活の一端を観察していた。着物の生地や色模様、小間物、趣味工芸品、などに詳しいのも商売柄だろう。

今でこそ周五郎文学は「国民文学」として支持され愛されているが、食えない雌伏《しふく》の時代が長かった。ある日、夫人の留守に周五郎が何気なくタンスを開けたら、夫人の着物が一枚も無かった。家計のことなど考えず、ひたすら良い小説を書くことに専念していた人だった。着物をどこにやったかは、当然ピンときたはずである。

『かあちゃん』に登場する娘は、十九歳。標記の語「悲しい話が好きだなんていう年頃だね」は、「かあちゃん」が娘に言ったセリフ。だが、つらく苦しい思いを飽きるほど味わってきたかあちゃんは、せめて話だけでも楽しく面白いものが聞きたいよ、と。

山本周五郎

やまもと・しゅうごろう● 1903年（明治36）6月22日—1967年（昭和42）2月14日。小説家。本名、清水三十六（さとむ）。山梨県北都留郡初狩村（現大月市初狩町下初狩）生まれ。横浜市の西前小学校卒業後、東京木挽町の質店山本周五郎商店に徒弟として住みこむ。新聞・雑誌記者を経て小説家に。1926年『須磨寺附近』が『文藝春秋』に掲載され、文壇出世作となった。『日本婦道記』が、1943年上期の直木賞に推されるが受賞を辞退。その後も全ての文学賞を固辞した。1958年、代表作『樅ノ木は残った』が完成。以後も『赤ひげ診療譚』『青べか物語』など次々と代表作を発表。享年63。

長生きをするためには、
まず第一に
退屈しないこと。

——物集高量

この人の業績は何か、よくわからない。「文士」と称しているが、どのような作品があるのか。しかし、全くデタラメではない。一九〇五（明治三十八）年、「東京朝日新聞」の懸賞小説に応募、見事当選して賞金五百円を得た。小説の題は「罪の命」である。他にも書いたようだが、現在は読むのがむずかしい。

小説ではないが、著書も数冊ある。『田園生活年中行事』『田園雑記』。どちらも、エッセイというより美文集というべきか。文章を味わわせる内容だが、大正期の文学青年向きであって、今では古めかしい。

父は物集高見《もずめたかみ》といい、東京帝国大学の教授である。和漢書の記事を検索できる『群書索引』全三巻、それらの記事を原文で読める『広文庫』全二十巻を編纂した人で、高量《たかかず》も父の事業を助けたが、学者というほどの研究成果はない。

先の二著は戦後、忘れられていた。「名著普及会」が復刻を企画、遺族を探したら、九十五歳の高量が生活保護を受け、一人で暮らしていた。貧乏を苦にせず、超然と天文学や生物学の書物を読んでいた。好奇心旺盛、弁説さわやか、すこぶる話題豊富、元気老人の代表と新聞やテレビが報じて、いちやく時の人になった。

百歳の時、『百歳は折り返し点』という自伝を出版した。二百歳まで生きるつもり、という意味である。長生きの秘訣を訊かれて、標記の言葉「長生きをするためには、まず第一に退屈しないこと」を述べた。人間は働いた方が長生きする、とも答えている。

また、「人間の知識は経験が一番大きい」と言い、今のように物が豊かな時代には、老人の知識が必要ないように見えるが、経験に富んだ年寄りのそれが待望される時代が来るはず、と断言、「物のない時代に生きてきた人間の知識が必要になる時がね……」。

こんなことも言っている。「感心したら、おしまい」。人が言うことは疑ってかかれ、疑うことによって新しい発見がある。

今の世の中で一番欠如しているのは、人間が恥ずかしいと思う心。「恥を知ることは生物の最高道徳」。

現代はプロがいなくて素人ばっかり。総理大臣も素人。国会の答弁も、あてがいぶちの資料を見ながらしている。いってみればカンニング。「国を預かる総理が、そんな恥ずかしい姿をよく国民の前に晒《さら》け出せますねぇ」。

以上、『百三歳。本日も晴天なり』(日本出版社・一九八二年刊)から紹介した。

この本には、細かい活字で三段組、実に三十二ページもの年譜が添えられている。何しろ百三年の人生である。しかもユニークな内容で、末尾に、本書の担当者がキンツバ六個を手みやげに来訪、年譜を書けと頼む。キンツバ六個では安すぎると言うと、社長が金十万円を届けてくれた。それで大いにはりきって、徹夜で原稿を書きあげること、かくの如しと。四百字詰め原稿用紙で、およそ七十五枚。恐ろしく長い略年譜である。

内容はこんな工合。一八八四（明治十七）年、五歳。一月、本郷小学校へ入学。四月、学年試験に落第、同級生から「落第坊主」と罵られる。掘切の菖蒲見物、初めて枇杷《びわ》を食べる。わが家にて酒宴あり。みんなで「猫じゃ猫じゃ」を歌う。初めて和歌を作る。

百三歳の高量は、歯が一本も無い。歯茎で物を噛んで食べる。しかし発音は明瞭、歯切れが良い。テレビで氏を見た歯科医が、無料で入れ歯を作ると申し入れた。そんな気持ちの悪い物はいりません、と断った。亡くなったのは、三年後である。

物集高量

もずめ・たかかず●1879年4月3日―1985年10月25日。東京市神田区駿河台で生まれる。6歳の時、はしかの後遺症で骨髄炎となり左脚が不自由となる。1899年、第三高等学校第一部文科乙類に入学。在学中、『中学文壇』に入選し、長篇小説『女太夫』を富士新聞に連載。1905年東京帝国大学文学部国史科を卒業。1907年大阪朝日新聞社に入社するが翌年退社。国文学者の父・物集高見が病に倒れたため、父の『広文庫』『群書索引』編纂事業に協力。博打にはまり、借金の差し押さえ処分を受け、商売にも失敗、1951年から生活保護を受けて生活する。1979年『百歳は折り返し点』を上梓。106歳で逝去。

あとがき

「一冊の本が世界を変える」——マララ・ユスフザイ

昨秋、パキスタンで下校途中のスクールバスがテロリストに銃撃され、乗っていた少女たちが重傷を負った。頭を撃たれた少女が奇跡的に回復し、今年七月、国連で演説をした。彼女の名は、マララ・ユスフザイといい、十六歳である。あどけない表情の少女だが、堂々とした話しぶりと主張の力強さ、何より演説の内容と鮮烈な文言《もんごん》は年齢を感じさせない。

「私は過激派を敵として憎んではいない。過激派の子どもたちを含むすべての子どもに、教育を受けさせたいと願ってここに来た。すべての人に平和と愛を。暗闇を見る時、光の重要さに気づく。沈黙の時こそ、声の重要さを知る」（朝日新聞デジタルニュース『マララさんの国連演説要旨』より。文意を要約した。以下、同）

マララさんは次のように締めくくった。

「一人の子どもが、一人の先生が、一冊の本が、一本のペンが、世界を変える」

別に特別のことを言っているわけではない。しかし、名言であることは間違いない。頭蓋骨《ずがいこつ》を銃弾で砕かれ、死の淵を見た本人が語っている言葉だから、名言なのである。私が同じ言葉を口にしても、名言にならない。言葉に重みが無いからである。

名言というのは、その言葉を発した人によって決まるのであって、非凡な人が当たり前の言葉を語ったとしても、聞く者には非凡なのである。

だから、名言の背景がわからなければ、名言のありがたみも感動もない。発した者がどういう経歴のかたか知らなければ、通りいっぺんの言葉と聞き流してしまうだろう。

マララさんが普通の女生徒だったら、仮りに国連で同じ内容の演説をしても、誰一人、胸を打たれるような思いはしなかったはずである。

その人が体験から得た言葉は、尊い。私たちはそれを聞くことで、元気をもらう。著名人の肉声を聞く機会は無い。しかし、本で知ることはできる。マララさんは今年のノーベル平和賞の、有力候補に挙げられているらしい。そして、自伝出版のうわさもある。十六年の半生記とはいえ、私たちはマララさんの身の上を何ひとつ知らない。名言が発せられた彼女の生い立ちを伺いたい。自叙伝が待たれる。

彼女が言うように、一冊の本が自分を変えてくれるかも知れないのである。この本だって。何しろ、「名言がいっぱい」なのだから。

二〇一三年七月　出久根達郎

出久根 達郎 でくね・たつろう

1944年、茨城県生まれ。作家。中学校卒業後に集団就職で上京し、月島の古書店に勤める。1973年独立し、杉並区で古書店を営む(現在は廃業)。そのかたわらで作家デビュー。1992年に『本のお口よごしですが』で講談社エッセイ賞、1993年に『佃島ふたり書房』で第108回直木賞を受賞。著書に『西瓜チャーハン』『七つの顔の漱石』『隅っこの四季』『人生の達人』他多数。小社刊に『ときどきメタボの食いしん坊』がある。

名言がいっぱい
あなたを元気にする56の言葉

2013年9月4日 [初版第1刷発行]

著　者　出久根達郎

発行者　藤木健太郎

発行所　清流出版株式会社
〒101-0051 東京都千代田区神田神保町3-7-1
電話 03-3288-5405
振替 00130-0-770500
〈編集担当〉松原淑子
http://www.seiryupub.co.jp/

印刷・製本所　大日本印刷株式会社

乱丁・落丁本はお取替え致します。
ISBN978-4-86029-407-6